J. J. Hoffman

Leitfaden zum Bibesltudium für Bibelklassen und den

Privatgebrauch

J. J. Hoffman

Leitfaden zum Bibesltudium für Bibelklassen und den Privatgebrauch

ISBN/EAN: 9783744654630

Hergestellt in Europa, USA, Kanada, Australien, Japan

Cover: Foto ©Lupo / pixelio.de

Weitere Bücher finden Sie auf **www.hansebooks.com**

Leitfaden

— zum —

Bibelstudium

— für —

Bibelklassen und den Privatgebrauch

— von —

J. J. Hoffman.

„Suchet in der Schrift."

„Und (ihr) werdet die Wahrheit erkennen und die Wahrheit wird euch frei machen."   Joh. 8, 32.

Milwaukee, Wis.

Druck der Germania Publ. Co.

Vorwort.

Der Zweck dieses Büchleins ist, dem Bibelleser einen Leitfaden in die Hand zu geben, das Interesse zu beleben, sowie zu einem mehr fleißigen und systematischen Studium der heiligen Schrift anzuspornen.

Es wurde kein Versuch gemacht, irgend einen Gegenstand vollständig auszuarbeiten, sondern solches Material, aus verschiedenen Quellen, zu sammeln, welches anrege zum weiteren Suchen nach den köstlichen Perlen göttlicher Wahrheit.

So wird dieses kleine Werk ausgesandt mit einem Gebet, daß die verheißene Lehre des heiligen Geistes es begleite und Manche zu dem großen Lehrer führen, Andere in ein tieferes Gnadenwerk, sowie tiefere Erkenntniß des Wortes Gottes hineinführen möge.

J. J. H.

Die Welt sei ihm wie einem Adam, neu und frisch. So auch die Bibel. Viele Bibelleser erhalten aus einem Vers gerade was sie zuerst hineinlegen, und das mag lauter Menschenweisheit, oder gar Thorheit sein.

Aber was für ein Kind ist hier gemeint? Ein Kind Gottes; und wenn ein Kind Gottes, dann muß der Geist Gottes das Licht sein, in welchem das Wort und die Werke Gottes zu studieren sind. Das geschriebene Wort ist wie das Fleisch gewordene Wort, göttlich und menschlich, und es muß studiert werden mit dem Lichte des Geistes Gottes im Menschen. Gott allein kann uns Gott offenbaren. 1. Cor. 2, 10—14.

Uebrigens verachte nicht die Erkenntniß gelehrter Gottesmänner, und gebrauche alle Hülfsmittel, die dir zu gebote stehen. Prüfe Alles und das Gute behalte. Laß deine Ansicht die letzte sein.

Soviel zur Einleitung über das Studium der Bibel. Die folgenden Zusammenstellungen von Schrifttheilen über verschiedene Gegenstände, sowie ähnliche andere in den verschiedenen Theilen dieses Büchleins, mögen, wo dasselbe in Bibelstunden gebraucht wird, durch wechselweises Lesen besonders vortheilhafte Anwendung finden.

2. Das Haus des Herrn.

1.   Versammelt mir meine Heiligen, die den Bund mehr achten, denn Opfer.   Ps. 50, 5.

2.   Ich freue mich deß, daß mir geredet ist, daß wir werden ins Haus des Herrn gehen. Ps. 122, 1.

3.   Herr, ich habe lieb die Stätte deines Hauses, und den Ort, da deine Ehre wohnet. Ps. 26, 8.

4.   Heiligkeit ist die Zierde deines Hauses ewiglich.   Ps. 93, 5.

5.   Eins bitte ich vom Herrn, das hätte ich gerne, daß ich im Hause des Herrn bleiben möge mein Lebenlang, zu schauen die schönen Gottesdienste des Herrn, und seinen Tempel zu besuchen. Ps. 27, 4.

6.   Bewahre deinen Fuß, wenn du zum Hause Gottes gehest, und komme, daß du hörest.   Das ist besser, denn der Narren Opfer ; denn sie wissen nicht, was sie Böses thun.   Pr. 4, 17.

7.   Siehe, Gehorsam ist besser, denn Opfer, und Aufmerken besser, denn das Fett von Widdern.   1. Sam. 15, 22.

8. Wohl denen, die in deinem Hause woh=
nen; die loben dich immerdar. Pf. 84, 5.

9. Sie erhalten einen Sieg nach dem andern,
daß man sehen muß, der rechte Gott sei zu
Zion. V. 8.

10. Wie lieblich sind deine Wohnungen, Herr
Zebaoth. V. 2.

11. Ein Tag in deinen Vorhöfen ist besser,
denn sonst tausend. V. 11.

12. Ich will lieber der Thüre hüten in mei=
nes Gottes Hause, denn lange wohnen in der
Gottlosen Hütten. V. 11.

3. Der Herr ist in seinem Tempel.

1. Gott ist in Juda bekannt, in Israel ist
sein Name herrlich, zu Salem ist sein Gezelt, und
seine Wohnung zu Zion. Pf. 76, 2. 3.

2. Der Herr ist in seinem heiligen Tempel,
des Herrn Stuhl ist im Himmel; seine Augen
sehen darauf, seine Augenlieder prüfen die Men=
schenkinder. Pf. 11, 4.

3. So spricht der Herr: Der Himmel ist
mein Stuhl, und die Erde meine Fußbank; was

ist es denn für ein Haus, das ihr mir bauen wollt? Oder welches ist die Stätte, da ich ruhen soll? Jes. 66, 1.

4. Aber der Herr ist in seinem heiligen Tempel. Es sei vor ihm stille alle Welt. Hab. 3, 20.

5. Ich habe zwar ein Haus gebauet, dir zur Wohnung, einen Sitz, daß du ewiglich da wohnest. 1. Kön. 8, 13.

6. Meinest du auch, daß Gott auf Erden wohne? Siehe, der Himmel und aller Himmel Himmel mögen dich nicht versorgen. Wie soll es denn dies Haus thun, daß ich gebauet habe? V. 27.

7. Da bedeckte eine Wolke die Hütte des Stifts, und die Herrlichkeit des Herrn erfüllete die Wohnung. 2. Mos. 40, 34.

8. Siehe da, eine Hütte Gottes bei den Menschen, und er wird bei ihnen wohnen, und sie werden sein Volk sein, und er selbst, Gott mit ihnen, wird ihr Gott sein. Offenb. 21, 3.

9. Thut die Thore auf, daß herein gehe das gerechte Volk, das den Glauben bewahret. Jes. 26. 2.

10. Gott wir warten deiner Güte, in deinem Tempel. Ps. 48, 10.

4. Das Wort Gottes.

1. (Kommt) herzu, und höret die Worte des Herrn, eures Gottes! Joſ. 3, 9.

2. Oeffne mir die Augen, daß ich ſehe die Wunder an deinem Geſetz. Pſ. 119, 18.

3. Gedenket ewiglich ſeines Bundes, was er verheißen hat in tauſend Geſchlechter. 1. Chr. 17, 15.

4. Das Geſetz des Herrn iſt ohne Wandel, und erquicket die Seele. Das Zeugniß des Herrn iſt gewiß, und macht die Albernen weiſe. Pſ. 19, 8.

5. Selig ſind, die Gottes Wort hören und bewahren. Luc. 11, 28.

6. Wer von Gott iſt, der höret Gottes Wort. Joh. 8, 47.

7. Suchet in der Schrift, denn ihr meinet, ihr habt das ewige Leben darinnen; und ſie iſt es, die von mir zeuget. Joh. 5, 39.

8. Denn alle Schrift von Gott eingegeben iſt nütze zur Lehre, zur Strafe, zur Beſſerung, zur Züchtigung in der Gerechtigkeit; daß ein Menſch Gottes ſei vollkommen, zu allem guten Werk geſchickt. 2. Tim. 3, 16. 17.

9. Diese aber sind geschrieben, daß ihr glaubet, Jesus sei Christ, der Sohn Gottes; und daß ihr durch den Glauben das Leben habt in seinem Namen. Joh. 20, 31.

10. Himmel und Erde werden vergehen, aber meine Worte werden nicht vergehen. Matth. 24, 35.

5. Das Gebet.

1. Bringet her des Herrn Namen die Ehre, bringet Geschenke, und kommt vor ihn, und betet den Herrn an im heiligen Schmuck. 1. Chr. 17, 29.

2. Erhebet den Herrn, unsern Gott, betet an zu seinem Fußschemel; denn er ist heilig. Ps. 99, 5.

3. Kommt, laßt uns anbeten, und knieen, und niederfallen vor dem Herrn, der uns gemacht hat. Ps. 95, 6.

4. Denn er ist unser Gott, und wir das Volk seiner Weide, und Schafe seiner Hand. V. 7.

5. Du erhörest Gebet, darum kommt alles Fleisch zu dir. Ps. 65, 3.

6. Wir wissen aber, daß Gott die Sünder nicht höret, sondern so Jemand gottesfürchtig ist, und thut seinen Willen, den höret er. Joh. 9, 31.

7. Denn Gott wird das Eitle nicht erhören, und der Allmächtige wird es nicht ansehen. Hiob 35, 13.

8. Gott ist ein Geist; und die ihn anbeten, die müssen ihn im Geist und in der Wahrheit anbeten. Joh. 4, 24.

9. Wahrlich, wahrlich, ich sage euch: So ihr den Vater etwas bitten werdet in meinem Namen, so wird er es euch geben. Joh. 16, 23.

10. Bittet, so wird euch gegeben; suchet, so werdet ihr finden; klopfet an, so wird euch aufgethan. Matth. 7, 7.

11. Darum lasset uns hinzu treten mit Freudigkeit zu dem Gnadenstuhl, auf daß wir Barmherzigkeit empfangen, und Gnade finden, auf die Zeit, wenn uns Hülfe noth sein wird. Ebr. 5, 16.

12. Derhalben beuge ich meine Kniee gegen den Vater unsers Herrn Jesu Christi, der der rechte Vater ist über Alles, was da Kinder heißt im Himmel und auf Erden. Eph. 3, 14. 15.

6. Singet dem Herrn.

1. Kommt herzu, laßt uns dem Herrn frohlocken und jauchzen dem Hort unsers Heils. Pf. 95, 1.

2. Das ist ein köstliches Ding dem Herrn danken, und lobsingen deinem Namen, du Höchster. Pf. 92, 2.

3. Auf den zehn Saiten und Pfalter, mit Spielen auf der Harfe. V. 4.

4. Denn, Herr, du läffest mich fröhlich singen von deinen Werken, und ich rühme die Geschäfte deiner Hände. V. 5.

5. Lobe den Herrn, meine Seele, und vergiß nicht, was er dir Gutes gethan hat, der dir alle deine Sünde vergibt, und heilet alle deine Gebrechen. Pf. 103, 2. 3.

6. Und hat mir ein neu Lied in meinen Mund gegeben, zu loben unfern Gott. Das werden viele sehen, und den Herrn fürchten, und auf ihn hoffen. Pf. 40, 4.

7. Singet dem Herrn ein neues Lied, die Gemeine der Heiligen soll ihn loben. Pf. 149, 1.

8. Und redet unter einander von Pfalmen und Lobgesängen und geistlichen Liedern, singet und spielet dem Herrn in eurem Herzen. Eph. 5, 19.

9. Laffet das Wort Christi unter euch reichlich wohnen, in aller Weisheit; lehret und vermahnet euch selbst mit Pfalmen und Lobgesängen,

und geiſtlichen lieblichen Liedern, und ſinget dem Herrn in eurem Herzen. Col. 3, 16.

10. Ich will ſingen von der Gnade des Herrn ewiglich, und ſeine Wahrheit verkündigen mit meinem Munde für und für. Pſ. 89, 2.

7. Miſſion.

1. Mache dich auf, werde Licht; denn dein Licht kommt und die Herrlichkeit des Herrn gehet auf über dir. Jeſ. 60, 1.

2. Denn ſiehe, Finſterniß bedeckt das Erdreich, und Dunkel die Völker. V. 2.

3. Das Volk, das in Finſterniß ſaß, hat ein großes Licht geſehen, und die da ſaßen am Ort und Schatten des Todes, denen iſt ein Licht aufgegangen. Matth. 4, 16.

4. Aus Zion bricht an der ſchöne Glanz Gottes. Pſ. 50, 2.

5. Und die Heiden werden in deinem Lichte wandeln, und die Könige im Glanz, der über dir aufgeht. Jeſ. 60, 3.

6. Gott, der Herr, der mächtige, redet, und ruft der Welt vom Aufgang der Sonne bis zum Niedergang. Pſ. 50, 1.

7. Gehet hin in alle Welt, und prediget das Evangelium aller Creatur. Marci 16, 15.

8. Deine Wächter rufen laut mit ihrer Stimme, und rühmen mit einander. Denn man wird es mit Augen sehen, wenn der Herr Zion bekehret. Jes. 52, 8.

9. Die Lehrer aber werden leuchten wie des Himmels Glanz; und die, so Viele zur Gerechtigkeit weisen, wie die Sterne immer und ewiglich. Dan. 12, 3.

10. Wir gingen Alle in der Irre wie Schafe, ein Jeglicher sahe auf seinen Weg; aber der Herr warf unser aller Sünde auf ihn. Jes. 53, 6.

11. Ich bin ein guter Hirte, und erkenne die Meinen, und bin bekannt den Meinen. Joh. 10, 14.

12. Und ich habe noch andere Schafe, die sind nicht aus diesem Stalle. Und dieselben muß ich herführen, und sie werden meine Stimme hören, und wird eine Heerde und ein Hirte werden. V. 16.

8. Die Jugend.

1. Höre mein Kind, und nimm an meine Rede; so werden deiner Jahre viele werden. Spr. 4, 10.

2. Herr, was willst du, daß ich thun soll? Apg. 9, 6.

3. Komm nicht auf der Gottlosen Pfad, und tritt nicht auf den Weg der Bösen. Spr. 4, 14.

4. Wie wird ein Jüngling seinen Weg unsträflich gehen? Pf. 119, 9.

5. Wenn er sich hält nach deinem Wort. V. 9.

6. Dein Wort macht mich klug, darum hasse ich alle falsche Wege. V. 104.

7. Und weil du von Kind auf die heilige Schrift weißt, kann dich dieselbe unterweisen zur Seligkeit, durch den Glauben an Christum Jesum. 2. Tim. 3, 15.

8. So freue dich, Jüngling, in deiner Jugend, und laß dein Herz guter Dinge sein in deiner Jugend. Pr. 11, 9.

9. Gedenke an deinen Schöpfer in deiner Jugend, ehe denn die bösen Tage kommen, und die Jahre herzu treten, da du wirst sagen: sie gefallen mir nicht. Pr. 12, 1.

10. Wie soll ich dem Herrn vergelten alle seine Wohlthat, die er an mir thut? Pf. 116, 12.

11. Gib mir, mein Sohn, dein Herz; und laß deinen Augen meine Wege wohlgefallen. Spr. 23, 26.

12. Die Welt vergeht mit ihrer Lust; wer aber den Willen Gottes thut, der bleibt in Ewigkeit. 1. Joh. 2, 17.

---·•·---

I. Das Wort Gottes.

9. Höret des Herrn Wort.

1. Höre mein Volk, mein Gesetz, neiget eure Ohren zu der Rede meines Mundes. Pf. 78, 1.

2. Rede, Herr, denn dein Knecht höret. 1. Sam. 3, 9.

3. Diese Worte, die ich dir heute gebiete, sollst du zu Herzen nehmen; und sollst sie deinen Kindern schärfen, und davon reden, wenn du in deinem Hause sitzest, oder auf dem Wege gehest, wenn du dich niederlegest, oder aufstehest; und sollst sie binden zum Zeichen auf deine Hand, und sollen dir ein Denkmal vor deinen Augen sein; und sollst sie über deines Hauses Pfosten schreiben, und an die Thore. 5. Mos. 6, 6—9.

4. Wie habe ich dein Gesetz so lieb! Täglich rede ich davon. Du machst mich mit deinem Gebot weiser, denn meine Feinde sind, denn es ist ewiglich mein Schatz. Pf. 119, 97. 98.

5. Die Befehle des Herrn sind richtig, und erfreuen das Herz. Die Gebote des Herrn sind lauter, und erleuchten die Augen. Pf. 19, 9.

6. Sie sind köstlicher, denn Gold und viel feines Gold; sie sind süßer, denn Honig und Honigseim. V. 11.

7. Wir haben ein festes prophetisches Wort, und ihr thut wohl, daß ihr darauf achtet, als auf ein Licht, das da scheinet in einem dunkeln Ort, bis der Tag anbreche und der Morgenstern aufgehe in euren Herzen. 2. Petri 1, 19.

8. Dein Wort ist meines Fußes Leuchte, und ein Licht auf meinem Wege. Pf. 119, 105.

10. Des Arbeiters Ausrüstung.

1. Sein Charakter. 1. Tim. 4, 12. Titus 2, 11—14. 1. Theff. 4, 1. 2. Cor. 6, 3—4.

2. Anhaltendes Lesen. 2. Tim. 3, 15—17. Röm. 15, 4. Joh. 5, 39.

3. **Das gelesene befolgen.** Selbst Nutzen ziehen, und die Wahrheit anwenden. Titus 1, 9. Ebr. 3, 13. 2. Theff. 3, 12.

4. **Reine Lehre bewahren.** Röm. 6, 7. 2. Tim. 4, 3. Titus 2, 7. 2. Joh. 9. Apg. 2, 42.

5. **Fleiß beweisen.** 2. Tim. 4, 2. und 5. 2. Cor. 11, 26. Pred. 11, 6.

6. **Die Gabe des heiligen Geistes schätzen.** Joh. 14, 16. 17. Apg. 19, 2 und 6. 1. Cor. 12, 3.

7. **Weihe.** Eine völlige Hingabe mit heiliger Liebe. Röm. 12, 1. 1. Cor: 6, 19. 20. 1. Joh. 2, 5. 2. Pet. 1, 5—8.

8. **Wachsamkeit.** 1. Tim. 4, 16. Luc. 21, 36. Marci 13, 33—37.

9. **Ausdauer.** Darin beharren. Joh. 15, 4. Ebr. 6, 11. 12. 10, 35—37.

11. Wie soll ich die Bibel studiren?

1. **Als hinlänglich und entscheidend.** Jef. 34, 16. Luc. 16, 29—31. Offenb. 22, 17—19.

2. **Als eine persönliche Botschaft.** 1. Sam. 3, 10. Pf. 139, 17. Jef. 55, 1.

3. Mit Gebet und Beistand des heiligen Geistes. Pf. 119, 18. Röm. 8, 26. 1. Cor. 2, 12. Suche Licht bei solchen, die vom heiligen Geist gelehrt sind. 2. Pet. 1, 20. 21.

4. Täglich. Jos. 1, 8. Pf. 1, 2.

5. Wähle einen gewissen Gegenstand. Luc. 24, 27. Apg. 17, 11. 12.

6. Als ihr eigen Comentar. 1. Cor. 2, 13, letzter Theil.

7. Als Thäter und nicht Hörer allein. Jak. 1, 22—25. 4, 17. Röm. 2, 13.

8. Um Christum zu finden. Joh. 5, 39. Luc. 24, 27. Nach solchem Studium befleißige dich zu bewahren klare, bestimmte Ansichten. 2. Tim. 1, 8—14. Pf. 51, 12. 13.

12. Titel und Verfasser.

Titel.

1. Mit welchem Titel wird die Bibel allgemein bezeichnet?

2. Welche Titel enthält die Schrift selbst? z. B. Jak. 1, 18.

3. Welche bildlichen Titel werden in der Schrift gebraucht und was schließen sie ein? z. B. Eph. 6, 17.

Verfasser.

4. Welche Schriftstellen lehren, daß die Schreiber nicht in Worten menschlicher Weisheit redeten, sondern die der heilige Geist lehret?

5. Welcher Beweis zu Gunsten der Inspiration wird durch Prophezeiungen und deren Erfüllung geliefert?

6. Behauptet die Schrift, die Eigenschaft der lebenbringenden Kraft zu besitzen? Joh. 6, 63.

Erwäge die Schreiber in Bezug

7. Ihrer Zahl.

8. Ihrer Namen.

9. Verschiedenheit ihrer Nationalität.

10. Verschiedenheit ihrer Gewerbe.

11. Verschiedenheit ihrer Vorbereitung.

12. Durch wie viele Jahrhunderte sich ihre Leben erstrecken.

13. Die Einheit unter ihren Schriften.

13. Thema der Bibel.

Christus das Thema.

Christus ist das A und das O der Schrift. Joh. 1, 3. Offenb. 22, 21.

1. Vorbilder auf Christum.

Heilige Gebräuche, z. B. Das Passah.

Heilige Personen, z. B. Moses, Josua, David.

Heilige Oerter, z. B. Der Gnadenstuhl.

Heilige Aemter, z. B. Das Hohepriesterliche.

Heilige Begebenheiten, z. B. Der geschlagene Fels, die eherne Schlange.

2. Christus vorher prophezeit. Jes. 53. Ps. 22.

3. Der Engel des Bundes, welcher Abraham, Moses, Josua, Gideon und Anderen erschien, war Christus.

4. Die Evangelien schildern sein Leben.

5. Die Apostelgeschichte, das was er fortsetzte in That und Wort durch den heiligen Geist wie angedeutet. Apg. 1, 1. 2.

6. Die Epistel wurden geschrieben, um das Leben Christi in den Gläubigen zu befördern.

7. Die Offenbarung ist eine Prophetie seines endlichen Sieges.

Das Zeugniß von Jesus Christus ist der Hauptinhalt der ganzen heiligen Schrift. Luc. 24, 27. Joh. 5, 39. 20, 31.

14. Eintheilung der Bibel.

Sie theilt sich in zwei Haupttheile. Alt und Neu.

1. Das alte Testament.

Geschichtlich — Fünf große, zwölf kleine.

Poetisch — Fünf.

Prophetisch — Fünf große, zwölf kleine.

2. Das neue Testament.

Geschichtlich — Fünf.

Briefe — Einundzwanzig.

Prophetisch — Ein.

Alles in seiner Ordnung. 1. Cor. 15, 23. 24.

15. Die heilige Schrift.

1. Ihre Inspiration. — 2. Tim. 3, 16. 17. 2. Pet. 1, 20. 21. Röm. 15, 4. 2. Cor. 10, 11. Eph. 6, 17. 1. Thes. 2, 13.

2. Ihre Hinlänglichkeit. — Luc. 16, 31. 5. Mos. 4, 2. Spr. 30, 5. 6. Offenb. 22, 17—19.

3. Ihre Kraft. — Joh 15, 3. 17, 17. Eph. 5, 26. Jer. 23, 29. Ebr. 4, 12.

4. Ihr Gebrauch, und unsere Pflicht derselben gegenüber. — 2. Chr. 17, 9. 1. Pet. 4, 11. Apg. 18, 28. 17, 11. 12. 2. Cor. 2, 17. 5. Mos. 6, 6. 7. 29, 29. Col. 3, 16. Joh. 1, 8. Ps. 1, 2. 1. Pet. 2, 1. 2.

5. Unser Bedürfniß für göttliches Licht. — Luc. 24, 45. Joh. 6, 63. 2. Cor. 3, 5. 6.

6. Unwissend in der Schrift. — Matth. 22, 29. Marci 12, 24. Joh. 5, 38. 20, 9.

16. Das Wort.

1. Willst du gerettet sein? — Lies das Wort. Luc. 16, 22—31. Apg. 2, 14. 13, 26. Ps. 107, 20. Röm. 1, 16

2. Willst du das ewige Leben ha= ben? — Lies das Wort. Joh. 5, 24. 39. Jak. 1, 18. Joh. 20, 31. 1. Joh. 5, 11—13.

3. Willst du Frucht bringen? — Lies das Wort. Die Frucht ist, Gal. 5, 22. 23. Luc. 8, 11. Röm. 10, 17. Col. 1, 3—6. 1. Thes. 1, 2—8. 1 Pet. 2, 2.

4. Willst du heilig und glücklich sein? — Lies das Wort. Ps. 119, 9. 11. Joh. 17, 17. 2. Cor. 7, 1. Eph. 5, 26. 27. Joh. 15, 11. Jes. 48, 18.

5. Willst du weise sein? — Lies das Wort. Ps. 119, 7 Spr. 2, 1—5. 9, 10. 1. Cor. 2, 1—16. Col. 1, 9. 2. Tim. 3, 15.

6. Willst du Gott erkennen und Gemeinschaft mit ihm haben? — Lies das Wort. Hiob 22, 21—30. Spr. 2, 1—5. Joh. 1, 1. 1. Joh. 5, 20. Joh. 14, 23. Phil. 3, 8—11.

7. Willst du stark sein im Herrn, und Sieg haben über die Welt, das Fleisch, und den Teufel? — Lies das Wort. Ps. 17, 4. Matth. 4, 3—10. Eph. 6, 10—17. 1. Joh. 2, 14.

8. Willst du ein erfolgreicher Diener sein? — Lies das Wort. Jos. 1, 8. Ps. 1, 1—3. 2. Tim 2, 15. und 3, 16. 17.

„Laſſet das Wort Chriſti unter euch reichlich wohnen". Col. 3, 16.

Der Lehrer. — Joh. 14, 29. 15, 26. 1. Cor. 2, 9—13.

17. Zwölf Eigenſchaften des Wortes.

1. Es iſt Leben. — Phil. 2, 16.

2. Es iſt Licht. — Pſ. 119, 105.

3. Es iſt Kraft. — Röm. 1, 16.

4. Es iſt rein. — Pſ. 119, 140.

5. Es iſt ſanft wie der Tau, oder Regen. — 5. Moſ. 32, 2.

6. Es iſt unveränderlich. — Pſ. 119, 89.

7. Es erleuchtet. — Pſ. 19, 9.

8. Es erquickt. — Pſ. 119, 25.

9. Es reinigt. — Joh. 15, 3.

10. Es macht frei. — Joh. 8, 32.

11. Es forſchet. — Ebr. 4, 12.

12. Es richtet. — Joh. 12, 48.

Glücklich der Mann, der Gottes Wort lieb hat. Pſ. 119, 127.

Wehe dem der das Wort verachtet, es bringt ihn zum Fall. Matth. 7, 24—29.

18. Das Wort Gottes.

1. **Es ist göttlicher Herkunft.** — Es war Gott, der durch die Propheten redete. Ebr. 1, 1. Es war Gott, der durch seinen Geist die Schreiber der heiligen Schrift inspirirte. Nicht die Schreiber waren Autorität, es war Gottes Wort. 2. Pet. 1, 21. Zuletzt hat Gott selbst geredet. Ebr. 1, 2. Das Wort Gottes wurde Fleisch. Joh. 1, 1. 4. Daher

2. **Die Autorität des Wortes Gottes.** — Wenn Gott redet, sollen wir hören und gehorsam sein. Wir lesen nirgends: höre das Wort Mose, Samuels oder Davids, sondern „höre des Herrn Wort". Jer. 22, 29. Die Bibel ist nicht ein Buch von Ansichten; es ist nicht blos wahr, es ist die Wahrheit. Joh. 17, 17.

3. **Der unaussprechliche Werth dieses Wortes.** — „Worte" sind das Medium, mit welchem wir unsere Gedanken austauschen. „Das Wort Gottes" sind Gedanken Gottes. Wenn Gott zu uns redet, so ist es von der größesten Wichtigkeit was er uns zu sagen hat. Es ist für unser wahres Leben von Bedeutung, daß wir

dieſes Gottes Wort haben. Der Menſch mag
eriſtiren, aber er kann nicht leben ohne dasſelbe.
Luc. 4, 4.

19. Die Bibel.

Lies die Bibel. Joh. 5, 39. Denn ſie iſt
Gottes Buch. Jeſ. 34, 16.

Befolge die Bibel. 1. Pet. 4, 17. Denn ſie
iſt Gottes Geſetz. Pſ. 119, 7.

Liebe die Bibel. 5. Moſ. 6, 4—9. Denn ſie
iſt Gottes Gabe. Heſ. 20, 11.

Vertraue der Bibel. Jeſ. 26, 4. Denn ſie iſt
Gottes Verheißung. Ebr. 6, 13—20.

Du biſt in Finſterniß. Eph. 5, 8. Sie iſt
dein Licht. Pſ. 119, 105.

Du biſt in Feindes Land. 2. Cor. 4, 4. Sie
iſt dein Schwert. Eph. 6, 17.

Du biſt inmitten der Sünde. Joh. 3, 19.
Sie iſt dein ſicherer Führer. Pſ. 119, 9—11.

Du biſt der Unwahrheit ausgeſetzt. Joh. 8,
44. Sie iſt Wahrheit. 17, 17.

Sie ſagt dem Sünder von einem Erlöſer.
Matth. 1, 21.

Sie verheißt dem Gefangenen Freiheit.
Joh. 8, 32.

Sie verkündiget dem Rebellen Vergebung. Jes. 55, 6. 7.

Sie versichert dem Schwachen Kraft. Jes. 25, 4.

Sie führt den Verlorenen zum Himmel. Joh. 14, 6.

Dem Todten verkündigt sie Leben. Eph. 2, 1—8.

Dem Müden bietet sie Ruhe. Matth. 11, 28—30.

20. Sinnbilder des Wortes Gottes.

1. Leuchte, Licht. Ps. 119, 105. Spr. 6, 23.

2. Feuer. Jer. 23, 29.

3. Ein Hammer. Jer. 23, 29.

4. Ein scharfes Schwert. Eph. 6, 17. Ebr. 4, 12.

5 Ein Spiegel. Jak. 1, 23. 24.

6. Lautere Milch. 1. Pet. 2, 2.

7. Starke Speise. Ebr. 5, 12.

8. Same. Luc. 8, 11.

In natürlichen Bildern lernen wir Uebernatürliches zu verstehen. Joh. 3, 12.

Erhaben ist die stille Nacht,
Der Himmelsdom in seiner Pracht.

Luc. 2, 8. 9.

Erhaben ist der Sonne Licht,
Wenn aus der Nacht hervor es bricht.

Mal. 4, 2.

Erhaben sind der Berge Höhn,
Wenn sie bis durch die Wolken gehn.

Jes. 57, 7.

Erhaben ist für uns das Meer,
Ohn' jedes Ufer rings umher.

Jes. 48, 18.

Doch am Erhabensten allein
Muß uns das Buch der Bücher sein.

2. Pet. 1, 19.

II. Gottes Wort und der Sünder.

---

21. Der Heiland.

Schau' liebe Seele beinen Retter	Apg. 9, 3—5.
Dort sitzend auf Jehova's Thron;	Offb. 3, 21.
Kam einst in's Fleisch von seinem Vater	Joh. 1, 14.
Nach Betlehem als Menschensohn.	Luc. 2, 4—7.
O Sünder sieh, zu deiner Seite	Joh. 4, 6. 7.
Naht sich dein Gott in Knechtsgestalt;	Marc. 2, 5.
Sucht das Verlorene noch heute,	Luc. 19, 10.
Sieh wie sein Herz voll Liebe wallt.	Joh. 10, 11. 12.
Schwer ist der Gang, die Kniee sinken,	Marc. 14, 35.
Blutschweiß dringt auf die Stirne dein;	Luc. 22, 44.
Den bitteren Kelch mußt du austrinken,	Joh. 18, 11.
Soll Gott und Welt versöhnet sein.	1. Joh. 4, 10.
Ihn führt sein Weg zur Schädelstätte,	Joh. 19, 17.
Wo er dem Mörder gleichgestellt,	Matth. 27, 38.
Damit er dich vom Tod errette,	Joh. 6, 40.
Trägt Gottes Lamm die Sünd der Welt.	Joh. 1, 29.

Die Berge beben, Felsen krachen,   Matth. 27, 52.
Verläßt der Vater seinen Sohn?   Marc. 15, 34.
Muß er gar in des Todes Rachen.   Joh. 19, 30.
Trägt die Erlösung solchen Lohn?   1. Pet. 1, 18.

Hör' Sünder nun die frohe Kunde,   2. Cor. 5, 20. 21.
Dein Jesus lebt, es ist geschehn,   1. Pet. 1, 3.
Sein Blut macht frei von jeder Sünde, 1. Joh. 1, 7.
Wer an ihn glaubt, wird ihn einst seh'n. 1. Joh. 3, 2.

22. Das Schreien der Seele und des Heilandes Antwort.

Herr sei mein Helfer. Pf. 30, 11.

Fürchte dich nicht, ich helfe dir. Jes. 41, 13.

Die Angst meines Herzens ist groß. Pf. 25, 17.

Rufe mich an in der Noth, so will ich dich erretten. Pf. 50, 15.

Gott sei mir Sünder gnädig! Luc. 18, 13.

Ich bin gekommen, die Sünder zur Buße zu rufen. Matth. 9, 13.

Wasche mich wohl von meiner Missethat, und reinige mich von meiner Sünde. Pf. 51, 4.

Ich will es thun, sei gereinigt. Matth. 8, 3.

Was soll ich thun, daß ich selig werde? Apg. 16, 30.

Glaube an den Herrn Jesum Christum, so wirst du selig. Apg. 16, 31.

Ich bin so müde von Seufzen. Ps. 6, 7.

Wirf dein Anliegen auf den Herrn. Ps. 55, 23.

Herr behüte meinen Mund und bewahre meine Lippen. Ps. 141, 3.

Ich will mit deinem Munde sein, und dich lehren was du sagen sollst. 2. Mos. 4, 12.

Laß mich nicht, und thue nicht von mir die Hand ab, Gott, mein Heil. Ps. 27, 9.

Ich will dich nicht verlassen, noch versäumen. Ebr. 13, 5.

Todesfurcht ist auf mich gefallen. Ps. 55, 5.

Wer an mich glaubet, der wird leben, ob er gleich stürbe. Joh. 11, 25.

Meine Seele wartet auf den Herrn von einer Morgenwache zur andern. Ps. 130, 6.

Die auf den Herrn harren, kriegen neue Kraft. Jes. 40, 31.

Meine Seele dürstet nach Gott, nach dem lebendigen Gott. Ps. 42, 3.

Deine Augen werden den König sehen in seiner Schöne. Jes. 33, 17.

Komm, Herr Jesu. Offb. 22, 21.

Ja, ich komme bald. Offb. 22, 21.

23. Glaubst du an den Sohn Gottes?

Wer an den Sohn glaubet, der hat das ewige Leben. Joh. 3, 36.

Wer dem Sohne nicht glaubet, der wird das Leben nicht sehen. Joh. 3, 36.

Wer da glaubet an den Sohn Gottes, der hat solches Zeugniß bei ihm. 1. Joh. 5, 10.

Wer Gott nicht glaubet, der macht ihn zum Lügner. 1. Joh. 5, 10.

Wer an ihn glaubet, der wird nicht gerichtet. Joh. 3, 18.

Wer aber nicht glaubet, der ist schon gerichtet. Joh. 3, 18.

Wer da lebet und glaubet an mich, der wird nimmermehr sterben. Joh. 11, 26.

So ihr nicht glaubet, daß ich es sei, so werdet ihr sterben in euren Sünden. Joh. 8, 24.

Wer an ihn glaubet, der soll nicht zu Schanden werden. 1. Pet. 2, 6.

Wer aber nicht glaubet, der wird verdammet
werden. Marc. 16, 16.

Wer an mich glaubet, von deß Leibe werden
Ströme des lebendigen Wassers fließen. Joh. 7, 38.

Wie wollen wir entfliehen, so wir eine solche
Seligkeit nicht achten? Ebr. 2, 3.

24. Der Sünder und der Heiland.

1.   Gott, sei mir Sünder gnädig! Luc. 18, 13.

2.   Die Gabe Gottes ist das ewige Leben.
Röm. 6, 23.

3.   Was soll ich thun, daß ich selig werde?
Apg. 16, 30.

4.   Also hat Gott die Welt geliebet, daß er
seinen eingebornen Sohn gab, auf daß Alle, die
an ihn glauben, nicht verloren werden, sondern
das ewige Leben haben.   Joh. 3, 16.

5.   Verbirg dein Antlitz von meinen Sünden,
und tilge alle meine Missethat.   Pf. 51, 11.

6.   Ich vertilge deine Missethat wie eine
Wolke, und deine Sünde wie den Nebel.   Kehre
dich zu mir, denn ich erlöse dich.   Jes. 44, 22.

7.   Verwirf mich nicht von deinem Angesicht,
und nimm deinen heiligen Geist nicht von mir.
Pf. 51, 13.

8. Wer zu mir kommt, den werde ich nicht hinaus stoßen. Joh. 6, 37.

9. Wir gingen Alle in der Irre wie Schafe. Jes. 53, 6.

10. Des Menschen Sohn ist gekommen, zu suchen und selig zu machen, das verloren ist. Luc. 19, 10.

11. Herr, zeige mir deine Wege, und lehre mich deine Steige. Ps. 25, 4.

12. Alle Schrift von Gott eingegeben ist nütze zur Lehre, zur Strafe, zur Besserung, zur Züchtigung in der Gerechtigkeit. 2. Tim. 3, 16.

13. Laß mich nicht, und thue nicht von mir die Hand ab, Gott, mein Heil. Ps. 27, 9.

14. Ich will dich nicht verlassen, noch versäumen. (Ebr. 13, 5.) Ich habe dich je und je geliebt, darum habe ich dich zu mir gezogen aus lauter Güte. (Jer. 31, 3.) Hast du mich lieb? Joh. 21, 17.

15. Herr, du weißt alle Dinge, du weißt, daß ich dich lieb habe. Joh. 21, 17.

16. Liebet ihr mich, so haltet meine Gebote. Joh. 14, 15.

17. Auf dich, Herr, traue ich, mein Gott. Hilf mir von allen meinen Verfolgern, und errette mich. Pf. 7, 2.

18. Alle, die gottselig leben wollen in Christo Jesu, müssen Verfolgung leiden. 2. Tim. 3, 12.

19. Der Herr ist mein Licht und mein Heil; vor wem sollte ich mich fürchten? Der Herr ist meines Lebens Kraft; vor wem sollte mir grauen? Pf. 27, 1.

20. Wahrlich, wahrlich, ich sage euch: Wer mein Wort höret, und glaubet dem, der mich gesandt hat, der hat das ewige Leben, und kommt nicht in das Gericht, sondern er ist vom Tode zum Leben hindurch gedrungen. Joh. 5, 24.

21. Tod, wo ist dein Stachel? Hölle, wo ist dein Sieg? Gott aber sei dank, der uns den Sieg gegeben hat, durch unsern Herrn Jesum Christum. 1. Cor. 15, 55, 57.

22. Sei getreu bis an den Tod, so will ich dir die Krone des Lebens geben. Offb. 2, 10.

25. Des Menschen Zustand von Natur.

Alle sind ungerecht. Röm. 3, 9—23.

Tod durch Sünde. Röm. 5, 12.

Alle unter der Sünde. Gal. 3, 22.

Kinder des Zorns. Eph. 2, 1—3.
Allesammt unrein. Jes. 64, 6. Hiob 14, 4.
In Sünde gezeuget. Ps. 51, 7.
Böse immerdar. 1. Mos. 6, 5.
In der Sünde trotzend. Jer. 17, 9.

26. Die Sünde.

1. **Ihr Ursprung.**
In Ungehorsam. 1. Mos. 2, 16. 17. 3, 6.
Sie ist vom Teufel. 1. Joh. 3, 8. Joh. 8, 44.
Sie kommt aus dem Herzen. Matth. 15, 19.
Jer. 17, 9.

2. **Ihre Natur.**
Gesetzlosigkeit. 1. Joh. 3, 4.
Wissen und nicht thun. Jak. 4, 17.
Unglaube. Joh. 16, 9. und 15, 22. 24.

3. **Ihre Wirkung.**
Wie die Saat so die Ernte. Gal. 6, 7. 8.
Entfernung von Gott. 1. Mos. 3, 8. 24.
Jes. 1, 4.
Verderbniß. Jes. 1, 5. 6.
Tod. Jak. 1, 15.

4. **Ihre Schuld.**
Bei Gott. Röm. 3, 19. Joh. 3, 18. 19.

5. Ihre Strafe.

In dieser Welt. 5. Mos. 28, 15. bis Ende des Cap.

In jener Welt. Matth. 25, 46. Luc. 16, 26. Offb. 22, 11.

27. Was die Sünde ist.

1. Sünde ist Unrecht. 1. Joh. 3, 4. und 5, 17.

2. Sünde ist Thorheit. Pf. 49, 11—14. 85, 9. Spr. 14, 8. 2. Tim. 3, 9.

3. Sünde ist Finsterniß. Spr. 4, 19. Luc. 1, 79. Joh. 1, 5. 3, 19. 2. Cor. 4, 3. 4. Col. 1, 12. 13.

4. Sünde ist Krankheit. Jes. 1, 5. 6. Matth. 9, 12.

5. Sünde ist Gift. 4. Mos. 21, 6. Pf. 58, 5. 140, 4. Röm. 3, 13.

6. Sünde ist Tod. Röm. 5, 12. 6, 23. 7, 5. Jak. 1, 15.

7. Sünde ist Hölle. Luc. 12, 4, 5. 16, 22. 23. 2. Pet. 2, 1—9.

8. Sünde war unser, die wir gerettet sind. Pf. 51, 5. Pred. 7, 21. Röm. 3, 22. 23. Eph. 2, 1—3.

28. Jesus Christus der Sündenträger.

Siehe, das ist Gottes Lamm! Joh. 1, 29.

Durch seine Wunden, geheilet. Jes. 53, 4. 5.

Er hat uns erlöset. Gal. 3, 13.

Welcher unsere Sünden geopfert hat. 1. Pet. 2, 24.

Ein Opfer für die Sünde. Ebr. 10, 12—14.

Die Vergebung der Sünde. Apg. 13, 38. 39.

Die Reinigung unserer Sünden. Ebr. 1, 3.

Daß er unsere Sünden wegnehme. 1. Joh. 3, 5.

Es ist vollbracht. Joh. 19, 30.

29. Jesus Christus ein vollkommener Erlöser.

Er wird sein Volk selig machen. Matth. 1, 21.

Er giebt freie Gerechtigkeit. Röm. 3, 24—26.

Das ist ein theuer werthes Wort. 1. Tim. 1, 15.

Die Erlösung durch sein Blut. Eph. 1, 6. 7. Ebr. 9, 12. 1. Pet. 1, 18. 19.

Er rechnet die Sünde nicht zu. 2. Cor. 5, 19.

Christus starb für die Gottlosen. Röm. 5, 6—8.

Er ist auferwecket um unserer Gerechtigkeit willen. Röm. 4, 25.

Er erfüllet alle Nothdurft. Phil. 4, 19.

Er kann bewahren. 2. Tim. 1, 12.

Er kann überschwänglich thun. Eph. 3, 20.

Er kann helfen in Versuchung. Ebr. 2, 18.

Er ist mächtig zu erbauen. Apg. 20, 32.

Er kann machen daß allerlei Gnade reichlich sei. 2. Cor. 9, 8.

Er kann behüten ohne Fehler. Judä 24.

Außer ihm ist kein Heiland. Jes. 43, 11.

30. Christus unser Friede.

Frieden durch sein Blut am Kreuz. Col. 1, 14. 20.

Er ist unser Friede. Eph. 2, 13. 14.

Den Frieden lasse ich euch. Joh. 14, 27.

Friede sei mit euch. Joh. 20, 19. 21. 26.

Frieden mit Gott. Röm. 5, 1.

Friede von Gott. Phil. 4, 7.

Herr des Friedens. 2. Thes. 3, 16.

Frieden in ihm. Joh. 16, 33.

Friede von ihm. Offb. 1, 4—6.

Er ist der Fürst des Friedens. Joh. 9, 6.

31. Die Einladung.

Ich stehe vor der Thür und klopfe an. Offb. 3, 20.

Ich bin gekommen die Sünder zu rufen. Luc. 5, 32.

Kommt, zur Erquickung und zur Ruhe. Matth. 11, 28. 29.

Wen da dürstet, der komme und trinke. Joh. 7, 37.

Kommt und haltet das Mahl. Joh. 21, 12.

Kommt und laßt uns miteinander rechten. Jes. 1, 18.

Kommt, denn es ist alles bereit. Luc. 14, 17.

Wer zu mir kommt, den werde ich nicht hinaus stoßen. Joh. 6, 37.

Komm, wer da will. Offb. 22, 17.

32. Die Gewißheit.

Du sollst selig werden. Apg. 16, 31.

Du sollst das ewige Leben haben. Joh. 5, 24.

Sein Blut macht rein von aller Sünde. 1. Joh. 1, 7—9.

Ich habe dich erlöset. Jes. 43, 1. 2.

Meine Lieben, wir sind nun Gotteskinder. 1. Joh. 3, 1. 2.

Werden mit ihm offenbar in der Herrlichkeit. Col. 3, 1—4.

So ist nun nichts Verdammliches an ihnen. Röm. 8, 1.

Ein wahrhaftiges Herz in völligem Glauben. Ebr. 10, 19—23.

Wo ich bin, da sollt ihr auch sein. Joh. 14, 1—3.

33. Der Ungerettete.

Er ist:

Ohne Gott. Eph. 2, 12.

Ohne Christum. Röm. 8, 9.

Ohne Leben. 1. Joh. 5, 12.

Ohne Frieden. Röm. 3, 17.

Ohne Hoffnung. Eph. 2, 12.

Ohne Entschuldigung. Röm. 1, 20.

Ohne Entfliehen. Ebr. 2, 3.

34. Elend erfordert Barmherzigkeit.

Jesus Christus will dich glücklich machen. Pf. 23.

Jesus Christus will Freude geben. Joh. 16, 22—24.

Jesus Christus will Frieden geben. Joh. 14, 27.

Jesus Christus will Thränen trocknen. Jes. 25, 8. Offb. 7, 17.

Jesus Christus will alle Seufzer stillen. Jes. 35, 10.

Jesus Christus will Hunger und Durst stillen. Joh. 6, 35. Matth. 5, 6. Pf. 107, 9.

Jesus Christus will dem Müden Ruhe geben. Jes. 28, 12.

35. Was soll ich machen mit Jesu?

Er hat mich erschaffen. Col. 1, 16.

Er trägt mich. Ebr. 1, 3.

Er hat mich erlöset. Jes. 43, 1.

Er ist mein Mittler. 1. Tim. 2, 5.

Er ist mein Fürsprecher. 1. Joh. 2, 1.

Er ist mein Bruder. Marci 3, 35.

Er ist mein Heiland. 2. Pet. 3, 18.

Also hat Gott die Welt geliebet, daß er seinen eingeborenen Sohn gab, auf daß Alle, die an ihn glauben, nicht verloren werden, sondern das ewige Leben haben. Joh. 3, 16.

36. Wie Gott den Unbekehrten bezeichnet.

Er ist Gottlos. Röm. 5, 6.

Er ist ein Feind Gottes. Röm. 5, 10.

Er ist ein Kind des Unglaubens. Eph. 2, 2.

Er ist elend, blind, bloß. Offb. 3, 17. 2. Cor. 4, 4.

Er ist taub. Psf. 58, 5. Jes. 35, 5.

Er ist tod in Uebertretung und Sünde. Eph. 2, 1.

Er ist unrein. Hiob 14, 4. Jes. 64, 6.

Er ist ein Greuel. Hiob 15, 16. Psf. 53, 2.

Sein Herz ist voll Arges. Pr. 9, 3.

Er ist verloren. Luc. 19, 10.

Er ist fremd und ohne Hoffnung. Eph. 2, 12.

Er ist ohne Entschuldigung. Röm. 1, 20.

Er ist voller Ungerechtigkeit und Bosheit. Jes. 1, 4.

Alles Dichten und Trachten des Herzens ist nur böse immerdar. 1. Mos. 6, 5.

37. Hülfe für den Irrenden.

Zweifelst du? lies 1. Joh. 5, 13. 3, 2. 14, 24.

Bist du gewichen? lies Jer. 2, 5. 19. 27. 32. Jer. 3, 12—14. 22.

Bist du gut genug? lies Röm. 3, 10 13. 23. Jes. 1, 5. 6. 1. Joh. 1, 10.

Bist du ein zu großer Sünder? lies Jes. 1, 18. 53, 4. 5. 43, 25. 44, 22. Röm. 5, 6.

Du weißt nicht wie? lies Joh. 1, 12. 3, 15. 16. 6, 47. Pf. 34, 8. Offb. 22, 17. Röm. 6, 22.

Du hast Vertrauen und zweifelst doch? lies Röm. 10, 9. 10. Matth. 10, 32.

Du fürchtest, es zu verfehlen? lies Jes. 46, 10. 2. Tim. 1, 12. Röm. 8, 38, 39. Col. 3, 3. 4.

Habe Acht auf die Einladung. Lies Matth. 11, 28. Offb. 3, 20. 22, 17.

38. Annahme bei Gott.

Was wir von Natur sind. Eph. 2, 1. 3—12.

Ausgestoßen und befleckt. Hes. 16, 5. 6.

Gott giebt Leben und wäscht rein. Hes. 16, 6. 9.

Die Anerkennung bei Gott. Jer. 3, 19.

Wir sind nun Gottes Kinder. 1. Joh. 3, 2.

Er giebt Macht, Gottes Kinder zu werden. Joh. 1, 12.

Er stellt das in Adam verlorene Bild wieder her. Eph. 4, 23. 24.

Er giebt den Geist der Kindschaft. Röm. 8, 15.

Er macht uns Glieder am Leibe Christi. Eph. 5, 29. 30.

Sind wir Kinder, so sind wir auch Erben. Röm. 8, 17.

Werden theilhaftig der göttlichen Natur. 2. Pet. 1, 4.

Werden geleitet vom heiligen Geist. Röm. 8, 14.

39. Was Gott von meinen Sünden sagt, wenn ich an Jesum glaube.

Sie sind getilgt. Jes. 43, 29. Apg. 3, 19.

Getragen von einem Anderen. Joh. 1, 29. 1. Joh. 3, 5.

Gott wirft sie hinter sich. Jes. 38, 17.

Sie sind bedecket. Röm. 4, 7.

Geworfen in die Tiefe des Meeres. Micha 7, 19.

Sie sind zugesiegelt. Dan. 9, 24.

Sie sind vergeben. Micha 7, 18. Apg. 10, 43.

Sie werden nicht zugerechnet. Röm. 4, 8.

Ihrer soll nicht mehr gedacht werden. Ebr. 8, 12.

Sie sind weggenommen. Sach. 3, 4.

Sie sind gereiniget. Ebr. 1, 3.

Sie sind aufgehoben. Ebr. 9, 26.

Man wird sie suchen und nicht finden. Jer. 50, 20.

Sie sind mit Blut weggewaschen. 1. Joh. 1, 7.

40. Der große Arzt.

Worte des Trostes für Kranke.

1. Ist denn keine Salbe in Gilead? Oder ist kein Arzt nicht da? Warum ist denn die Tochter meines Volks nicht geheilet? Jer. 8, 22.

2. Ich bin der Herr, dein Arzt. 2. Mos. 15, 26.

3. Er hat unsere Schwachheit auf sich genommen, und unsere Seuche hat er getragen. Matth. 8, 17.

4. Jesus ging umher.... und heilte allerlei Seuche und Krankheit im Volk. Matth. 4, 23.

5. Die Gesunden bedürfen des Arztes nicht, sondern die Kranken. Luc. 5, 31.

6. Sprich ein Wort, so wird mein Knecht gesund.... Und da die Gesandten wiederum zu Hause kamen, fanden sie den kranken Knecht gesund. Luc. 7, 7—10.

7. Herr, siehe, den du lieb hast, der liegt krank. Da Jesus das hörte, sprach er: die Krankheit ist nicht zum Tode, sondern zur Ehre Gottes, daß der Sohn Gottes dadurch geehret werde. Joh. 11, 3. 4.

8. Der Herr wird ihn erquicken auf seinem Siechbette; du hilfst ihm von aller seiner Krankheit. Ps. 41, 4.

9. Fürwahr, er trug unsere Krankheit und lud auf sich unsere Schmerzen.... und durch seine Wunden sind wir geheilet. Jes. 53, 4. 5.

41. Unsere Versicherung, um zu Christo zu kommen.

Es ist uns gewähret zu kommen. Offb. 22, 17. 21, 6. Jes. 55, 1.

Wir sind eingeladen zu kommen. Matth. 11, 28.

Wir sind gebeten zu kommen. 2. Cor. 5, 20.

Es ist uns befohlen zu kommen. 1. Joh. 3, 23. Ebr. 11, 6.

Wir sind genöthigt zu kommen. Luc. 14, 23.

Wir sind einer gegenwärtigen und gewissen Seligkeit versichert. Joh. 3, 16. 6, 37. 47. Apg. 16, 31. Röm. 4, 5.

Der Sünder geht auf ewig verloren, wenn er nicht kommt. Marc. 16, 16. Joh. 3, 18. 5, 40. 2. Thess. 1, 7. 8. Ebr. 2, 3. Joh. 3, 36.

42. Warum so Viele nicht an Christum glauben.

Es wird oft gesagt: Ich würde auch ein Christ werden, aber ich kann die Bibel nicht glauben. Christus sagt gerade das Gegentheil. Er erklärt, daß die Ursache, warum sie nicht zu ihm kommen, ist, weil sie nicht wollen (Joh. 5, 40.), und so Jemand willig ist, Gott zu dienen und die Wahr= heit zu erkennen, der wird unfehlbar zum Glauben an Christo gelangen (Joh. 7, 17. 18, 37.) Wenn wir nun das Neue Testament untersuchen, so werden wir finden, daß die Ursachen, warum Viele nicht zu Christo kommen, folgende sind:

Hochmuth, der mag sein national. Matth. 3, 9. Joh. 8, 33. Apg. 13, 45.; intellectuell, Matth. 11, 25. Joh. 9, 39—41. Röm. 1, 21. 22. 1. Cor. 1, 19—21.; oder gesellig, Joh. 7, 48.

Selbstgerechtigkeit. Marc. 2, 16. Luc. 7, 39. 18, 10, 14. Röm. 10, 3.

Ehre bei Menschen. Joh. 5, 44. 12, 43.

Liebe zur Welt. 2. Tim. 4, 10. 1. Joh. 2, 15.

Der Geiz. Marc. 10, 17—24. Luc. 16, 13, 14. 1. Tim. 6, 9. 10.

Sorgen der Welt. Matth. 13, 7. 22. Luc. 10, 41, 42.

Menschenfurcht. Joh. 7, 13. 9, 22. 12, 42.

Weltliches Selbstinteresse. Marc. 5, 16. 17. Joh. 11, 48.

Nicht willig, sich von weltlichen Freunden zu trennen. Luc. 11, 59—62.

Unwillig zu glauben, was sie nicht verstehen können. Joh. 3, 9. 6, 52, 60. Apg. 17, 32. 1. Cor. 2, 14.

Unwillig, ihre Sünden offenbart zu haben. Joh. 3, 19. 20.

Unwillig, sich unter Gottes Auto=
rität zu stellen. Luc. 19, 14. 20, 9—18.

Vorurtheil gegen den Botschafter.
Matth. 12, 24. 13, 57. Joh. 1, 46. 6, 42.
7, 52. 9, 29.

Geistliche Blindheit. Matth. 13, 15.
1. Cor. 2, 14.

Läppische Entschuldigungen. Luc.
14, 18.

Vernachlässigung der Bibel. Luc.
24, 25. Joh. 5, 39. 7, 27. Apg. 17, 11. 12.

Versäumung religiöser Versamm=
lungen. Joh. 20, 24.

Die Macht des Teufels. Matth. 13,
4. 19. Joh. 8, 44. 2. Cor. 4, 3. 4.

43. Die Gnadenthür nicht immer offen.

Wenn der Hauswirth die Thür verschließt.
Luc. 13, 25—27.

Wenn der Tag des Heils verflossen. 2. Cor.
6, 2.

Wenn der Herr aufhört zu rufen. Spr. 1,
24—28.

Wenn die Ernte vergangen. Jer. 8, 20.

Wenn der heilige Geist gelästert wird. Marc. 3, 28. 29.

Heute, so ihr seine Stimme höret, so verstocket euer Herz nicht. Pf. 95, 7. 8.

44. Die Hölle.

1. Giebt es eine Hölle? 2. Pet. 2, 4. Spr. 7, 27. Spr. 15, 24. Luc. 12, 5. Marc. 9, 43. Matth. 23, 33. Pf. 9, 18.

2. Was für ein Ort ist es? Jes. 33, 14. Offb. 14, 10. Offb. 19, 20. Offb. 20, 10. 14. 15. Offb. 21, 8. Matth. 13, 41. 42.

3. Ist die Strafe ewig? Jes. 33, 14. Dan. 12, 2. Matth. 3, 12. Marc. 9, 43, 44. Matth. 25, 41. Luc. 16, 22—26.

4. Wer geht hin? Die da Aergerniß geben. Matth. 13, 41. 42. Die da Gott nicht fürchten. Luc. 12, 5. Die Lüstlinge. 2. Pet. 2, 4. 10. Die Heuchler. Jes. 33, 14. Die Pharisäer. Matth. 23, 33. Die Gottlosen. Pf. 9, 18. Ungläubige u. s. w. Offb. 21, 8. Deren Namen nicht im Buch des Lebens sind. Offb. 20, 15. Deren Namen im Buch des Lebens sind. Offb. 3, 5.

Christus ist gekommen, daß er die Welt selig mache. Joh. 3, 17.

Und ist in keinem andern Heil, ist auch kein anderer Name den Menschen gegeben, darinnen wir sollen selig werden. Apg. 4, 12.

45. Was wir wissen sollten.

Unseren Zustand von Natur. Röm. 7, 18.

Den Zweck, für welchen Christus erschien. 1. Joh. 3, 5.

Daß wir Christum kennen. Joh. 6, 69, 10, 14.

Daß wir den heiligen Geist kennen. Joh. 14, 17.

Daß wir Gott den Vater kennen. Joh. 17, 3. 1. Joh. 2, 13.

Die Gnade Jesu Christi. 2. Cor., 8, 9.

Die Liebe Christi. Eph. 3, 19.

Christum als auferstanden. Joh. 21, 12. Röm. 6, 9.

Den Weg der Rechtfertigung. Gal. 2, 16.

Daß wir aus dem Tode in das Leben gekommen sind. 1. Joh. 3, 14.

Daß unser alter Mensch sammt ihm gekreuzigt ist. Röm. 6, 6.

Unsere Auserwählung von Gott. 1. Theff. 1, 4.

Daß wir das ewige Leben haben. 1. Joh. 5, 13.

Das Geheimniß des Reiches Gottes. Matth. 13, 11.

Daß Trübfal Geduld bringet, Erfahrung und Hoffnung. Röm. 5, 3. 4.

Daß uns Alles zum besten dienet. Röm. 8, 28.

Daß wenn der Tod kommt, wir ein Haus im Himmel haben. 2. Cor. 5, 1.

Daß wir auferstehen werden. Joh. 11, 24.

Daß in den letzten Tagen greuliche Zeiten kommen. 2. Tim. 3, 1.

Daß der Tag des Herrn wird kommen, wie ein Dieb in der Nacht. 1. Theff. 5, 2.

Daß Christus unser Leben erscheinen wird. 1. Joh. 3, 2.

Daß wir eine bessere Habe im Himmel haben. Ebr. 10, 34.

46. Was wir haben sollten.

Glauben an Gott. Marc. 11, 22.

Das ewige Leben. Joh. 3, 36.

Das Licht des Lebens. Joh. 8, 12.

Die Gebote Jesu. Joh. 14, 21.

Die Freude Jesu. Joh. 17, 13.

Hoffnung zu Gott. Apg. 24, 15.

Ein unbeflecktes Gewissen. Apg. 24, 16.

Frieden mit Gott durch Jesum Christum. Röm. 5, 1.

Einen Zugang im Glauben zu der Gnade. Röm. 5, 2.

Die Frucht zur Heiligung. Röm. 6, 22.

Des Geistes Erstlinge. Röm. 8, 23.

Den heiligen Geist, welcher in uns ist. 1. Cor. 6, 19.

Einen Bau von Gott erbauet. 2. Cor. 5, 1.

Gottes Verheißung. 2. Cor. 7, 1.

In allen Dingen, volle Genüge. 2. Cor. 9, 8.

Die Erlösung durch das Blut Christi. Eph. 1, 7.

Den Zugang in Einem Geist zum Vater. Eph. 2, 18.

Lust abzuscheiden und bei Christo zu sein. Phil. 1, 25.

Die gleiche Liebe. Phil. 2, 2.

Die Verheißung dieses und des zukünftigen Lebens. 1. Tim. 4, 8.

Einen großen Hohenpriester. Ebr. 4, 14.

Einen starken Trost. Ebr. 6, 18.

Hoffnung, den Anker unserer Seele. Ebr. 6, 19.

Freudigkeit zum Eingang in das Heilige. Ebr. 10, 19.

Gemeinschaft mit ihm. 1. Joh. 1, 6.

Gemeinschaft unter einander. 1. Joh. 1, 7.

Einen Fürsprecher bei dem Vater. 1. Joh. 2, 1.

Freudigkeit am Tage des Gerichts. 1. Joh. 4, 17.

Die Bitte, die wir von ihm gebeten haben. 1. Joh. 5, 15.

47. Sieben wichtige Fragen.

1. Wem soll ich glauben? Jos. 24, 15. 1. Kön. 18, 21. Jes. 40, 17. 18. Jes. 45, 22. Joh. 5, 37. Joh. 10, 37 38. 1. Joh. 5, 9. 10.

2. Was soll ich glauben? Joh. 3, 16. Joh. 5, 24. Apg. 10, 43. Apg. 16, 31. Röm. 5, 8. 1. Joh. 1, 7. 1. Joh. 5, 11, 12.

3. Wie soll ich glauben? Apg. 8, 36, 37. Röm. 4, 5. Röm. 6, 17. 10, 9. Gal. 2, 16. Eph. 2, 8. 1. Joh. 3, 24.

4. Warum soll ich glauben? Marc. 16, 16. Joh. 3, 18. 36. Joh. 6, 29. 2. Thess. 1, 7. 8. 1. Joh. 3, 23. Offb. 21, 8.

5. Wann soll ich glauben? Luc. 14,
17. 2. Cor. 6, 2. 1. Theff. 5, 2. Ebr. 3, 7. 8.
10, 37. Jak. 5, 9. Offb. 22, 20.

6. Darf ich glauben wie ich bin?
Matth. 11, 28. Luc. 19, 10. Joh. 6, 37.
7, 37. Röm. 10, 4. 1. Tim. 1, 15. Offb.
22, 17.

7. Kann ich gerettet werden ohne
Glauben? Apg. 4, 12. Röm. 14, 23.
Gal. 2, 21. 3, 21. Ebr. 2, 3. 11, 6. 1. Pet.
4, 17. 18.

48. Sieben Zeichen der Wiedergeburt.

1. Wer recht thut, der ist von ihm geboren.
1. Joh. 2, 29.

2. Wer aus Gott geboren ist, der thut nicht
Sünde. 1. Joh. 3, 9.

3. Wer lieb hat, der ist von Gott geboren,
und kennet Gott. 1. Joh. 4, 7.

4. Wer da glaubet, daß Jesus sei der
Christ, der ist von Gott geboren. 1. Joh. 5, 1.

5. Alles, was von Gott geboren ist, über=
windet die Welt. 1. Joh. 5, 4.

6. Wer von Gott geboren ist, der sündiget nicht, sondern.... der bewahret sich, und der Arge wird ihn nicht antasten. 1. Joh. 5, 18.

7. Gelobet sei Gott und der Vater unseres Herrn Jesu Christi, der uns nach seiner großen Barmherzigkeit wiedergeboren hat zu einer lebendigen Hoffnung, durch die Auferstehung Jesu Christi von den Todten. 1. Pet. 1, 3.

Jesus antwortete, und sprach zu ihm: Wahrlich, wahrlich, ich sage dir: Es sei denn, daß Jemand von neuem geboren werde, kann er das Reich Gottes nicht sehen. Joh. 3, 3.

49. Erneuerung des Herzens.

1. Buße. Ist befohlen. Apg. 20, 21. und 3, 19. Marc. 1, 15. Sich von der Sünde weg, und zu Gott wenden. 1. Kön. 8, 47—49. Jes. 55, 7.

2. Bekenntniß der Sünde. Spr. 28, 13. Pf. 51. 1. Joh. 1, 9.

3. Glaube. Ebr. 11, 1. Apg. 16, 31. Christus der Gegenstand des Glaubens. 1. Pet. 2, 24. Röm. 5, 18. Joh. 3, 16.

4. Vergebung. Jes. 55, 7. Apg. 10, 43. und 26, 18.

5. **Rechtfertigung.** 2. Cor. 5, 21.
Röm. 3, 24—26. 28. und 5, 1. Ihre Noth=
wendigkeit. Röm. 3, 20.

6. **Wiedergeburt.** Ist das theilhaftig=
werden der göttlichen Natur. 2. Pet. 1, 4. Ist
das Werk des Geistes. Joh. 3, 6. Tit. 3, 5.
Durch den Glauben. 1. Joh. 5, 1. Aus dem
Wort. 1. Pet. 1, 23. Ihre Nothwendigkeit.
Joh. 3, 3. 7.

III. Gottes Wort und der Christ.

---

50. Was uns in Christo wird.

Was wird uns dafür? Matth. 19, 27.

Baum des Lebens. Offb. 2, 7. 22, 2.
Alle Früchte des Geistes. 1. Cor. 1, 30.   Gal. 5, 22.
Unvergängliche Krone. 1. Cor. 9, 25.   Offb. 2, 10.
Morgenstern. Offb. 2, 28.

Das ewige Leben. Joh. 10, 28.
Ein neuer Name. Offb. 2, 17.
Siegel an die Stirn. Offb. 7, 3.

Lebendige Wasserbrunnen. Offb. 7, 17.
Ein weißes Kleid. Offb. 6, 11.
Brod des Lebens. Joh. 6, 35.
Eine Wohnung im Vaterhaus. Joh. 14, 2.
Neues Lied. Offb. 5, 9. Offb. 14, 3.
Sitz auf dem Thron. Offb. 3, 21.

51. Sieben apostolische Gebote.

1. Wie ihr nun angenommen habt den Herrn Christum Jesum, so wandelt in ihm; und seid gewurzelt und erbauet in ihm. Col. 2, 6. 7.

2. Wandelt im Geist, so werdet ihr die Lüste des Fleisches nicht vollbringen. Gal. 5, 16.

3. Wandelt in der Liebe, gleich wie Christus uns hat geliebet, und sich selbst dargegeben für uns, zur Gabe und Opfer, Gott zu einem süßen Geruch. Eph. 5, 2.

4. Und das ist die Liebe, daß wir wandeln nach seinem Gebot. 2. Joh. 6. Denn das ist die Liebe zu Gott, daß wir seine Gebote halten. 1. Joh. 5, 3.

5. So sehet nun zu, wie ihr vorsichtiglich wandelt, nicht als die Unweisen, sondern als die Weisen. Und schicket euch in die Zeit, denn es ist böse Zeit. Eph. 5, 15. 16.

6. Denn ihr waret weiland Finsterniß, nun aber seid ihr ein Licht in dem Herrn. Wandelt wie die Kinder des Lichts. Und prüfet, was da sei wohlgefällig dem Herrn. Eph. 5, 8. 9. 10.

7. Daß ihr wandelt würdiglich dem Herrn zu allem Gefallen, und fruchtbar seid in allen

guten Werken, und wachset in der Erkenntniß Gottes. Col. 1, 10. 11.

Wer da sagt, daß er in ihm bleibet, der soll auch wandeln, gleichwie er gewandelt hat. 1. Joh. 2, 6.

52. Zwölf goldene Regeln für christliche Familien.

Aus dem Buch der Bücher.

1. Stellet euch nicht dieser Welt gleich. Röm. 12, 2.

2. Seid Gottes Nachfolger, als die lieben Kinder. Eph. 5, 1.

3. Seid mäßig und nüchtern zum Gebet. 1. Pet. 4, 8.

4. Einer komme dem Andern mit Ehrerbietung zuvor. Röm. 12, 10.

5. Lasset euch begnügen an dem, das da ist. Ebr. 13, 5.

6. Seid aber Thäter des Worts, und nicht Hörer allein. Jak. 1, 22.

7. Habt einerlei Sinn, seid friedsam. 2. Cor. 13, 11.

8. Seid geduldig gegen Jedermann. 1. Theff. 5, 14.

9. Haltet fest an der Demuth. 1. Pet. 5, 5.

10. Seid mitleidig und freundlich. 1. Pet. 3, 8.

11. Freuet euch des Herrn, und seid fröhlich. Pf. 32, 11.

12. Seid bereit, denn des Menschen Sohn wird kommen. Luc. 12, 40.

53. Christliche Arbeit.

Des Herrn Befehl.

„Gehet hin in alle Welt, und prediget das Evangelium aller Creatur". Marc. 16, 15.

Der Aufruf.

„Wer will unser Bote sein?" Jes. 6, 8.

Die Verheißung.

„Es ist Niemand, so er verläßt Haus, oder Brüder, oder Schwestern, oder Vater, oder Mutter, oder Weib, oder Kinder, oder Aecker, um meinet willen, und um des Evangelii willen; der nicht hundertfältig empfange, jetzt in dieser Zeit". Marc. 10, 29. 30.

Die Antwort.

„Ich habe einen Acker gekauft — ich bitte dich, entschuldige mich."

Ich habe fünf Joch Ochsen gekauft — ich bitte dich, entschuldige mich."

„Ich habe ein Weib genommen — darum kann ich nicht kommen." Luc. 14, 18—20.

Die Botschaft.

„Siehe, ich komme bald, und mein Lohn mit mir, zu geben einem Jeglichen, wie seine Werke sein werden." Offb. 22, 12.

54. Frucht bringend.

Darinnen wird mein Vater geehret, daß ihr viele Frucht bringet, und werdet meine Jünger. Joh. 15, 8.

Frucht des alten Menschen. Röm. 6, 21. 7, 5.

Frucht des neuen Menschen. Röm. 6, 22. Gal. 5, 22. 23.

Frucht, die der Vater erwartet. Luc. 13, 6. 9. 20. 9. 10.

Frucht, ein Zeichen der Kinder Gottes. Matth. 7, 16. 12, 33.

Frucht, das Geheimniß derselben. Joh. 15, 5. Matth. 13, 23.

Frucht, deren Hindernisse. Matth. 13, 22. Luc. 8, 14.

Frucht, fortschreitend. Marci 4, 28, 29.

Frucht, dem Gebet unterworfen. 2. Cor. 9, 10. Phil. 1, 11. Col. 1, 10.

Frucht, nicht nothwendiger Weise thätig. Jak. 3, 17, 18. Phil. 4, 17.

Frucht, unter Züchtigung. Ebr. 12, 11.

Frucht, nicht Blätter. Marci 11, 13. 14.

Frucht, Resultat von Christi Tod. Joh. 12, 24.

Frucht, Resultat wenn nicht bringend. Joh. 15, 2.

55. Seelenrettung.

Die Lehrer aber werden leuchten wie des Himmels Glanz; und die, so Viele zur Gerechtigkeit weisen, wie die Sterne immer und ewiglich. Dan. 12, 3.

1. Unser Gebet. Apg. 9, 6. Pf. 143, 10. Pf. 51.

2. Unser Feld. Marc. 16, 15. Joh. 1, 41. 42. 45. Joh. 4, 28. 29. Marc. 5, 19. 20. Apg. 8, 26. Jak. 5, 20.

3. **Unsere Zeit.** Matth. 21, 28. 2. Cor. 6, 2. Pr. 9, 10 2. Thess. 3, 13.

4. **Unser Motiv.** 2. Cor. 5, 14. Col. 3, 23. Joh. 21, 15—17.

5. **Unser Helfer.** Matth. 28, 20. 2. Cor. 12, 9. Joh. 15, 5. Ebr. 13, 5.

6. **Unser Thema.** Joh. 3, 16. Gal. 6, 14. 1. Tim. 1, 15. Joh. 5, 24.

7. **Unsere Botschaft.** Hes. 33, 11. 2. Tim. 4, 2. Röm. 1, 16. 1. Thess. 2, 4. Eph. 6, 17.

8. **Unsere Kraft.** Hes. 4, 6. Joh. 15, 26. Joh. 16, 7—11. 13. Apg. 1, 8. 2, 4. Apg. 4, 31. 33.

9. **Unser Vorbild.** Joh. 9, 4. Luc. 2, 49. Röm. 10, 1.

10. **Unser Lohn.** Matth. 25, 23. 2. Tim. 4, 8. Ps. 126, 6. Offb. 22, 12.

56. Das Leben Pauli.

Paulus als Vorbild. Phil. 3, 17.

1. **Seine Jugendjahre.** Apg. 26, 4. 5. 21, 39. 2. Cor. 11, 22. Phil. 3, 4. 5.

2. **Seine Erziehung.** Phil. 3, 5. Apg. 22, 3.

3. Sein Charakter. 2. Tim. 1, 3. Phil. 3, 6.

4. Als Verfolger. Apg. 7, 57. 58. 8, 1—3. Apg. 22, 20. 26, 9—11.

5. Seine Bekehrung. Apg. 26, 12—15. Apg. 9, 17—19.

6. Als Prediger. Apg. 26, 16. Apg. 9, 20—22.

7. Das Hauptthema seiner Predigt. 1. Cor. 2, 2. Gal. 6, 14. 1. Cor. 1, 23.

8. Als Missionar. Apg. 13, 2—5. Apg. 20, 20. 26. 27.

9. Sein Leiden. 2 Cor. 11, 23—28.

10. Sein Triumph. 2. Tim. 4, 6—8.

57. Gott.

Was Gott in seinem Wort von sich selber sagt.

Gott ist ein Geist. Joh. 4, 24.

Ein Himmel und Erde füllendes Wesen. Jer. 23, 24.

Gott ist ewig. 5. Mos. 33, 27.

Gott ist unveränderlich. Mal. 3, 6.

Sein Verstand ist unausforschlich. Jes. 40, 28.

Gott ist allmächtig. 1. Mos. 17, 1.

Gott ist heilig. 3. Mos. 19, 2.

Gott ist gerecht. Jes. 45, 21. 2. Mos. 4, 7.

Er ist von großer Gnade und Treue.
2. Mos. 34, 6.

Gott ist Liebe. 1. Joh. 4, 8. 16.

58. Unser Gott.

Der Gott der Treue. 5. Mos. 32, 4.

Der Gott aller Gnade. 1. Pet. 5, 10.

Der Gott des Friedens. 1. Thess. 5, 23.

Der Gott der Liebe. 2. Cor. 13, 11.

Der Gott alles Trostes. 2. Cor. 1, 3.

Der Gott der Geduld. Röm. 15, 5.

Der Gott der Hoffnung. Röm. 15, 13.

Der Gott der Herrlichkeit. Apg. 7, 2.

Der Gott des Gerichts. Jes. 30, 18.

Der Gott der Barmherzigkeit. 2. Cor. 1, 3.

59. Gottes Bund mit seinem Volk.

Der Bund des Gesetzes. 2. Mos. 34, 10—
28. 5. Mos. 5, 2—21.

Der Bund der Erlösung. 1. Mos. 3, 15.

Der Bund des Friedens. Jef. 54, 10.
Hef. 34, 25. und 37, 26.

Der Bund des Eigenthums. 2. Mof. 29,
45. 46. 5. Mof. 29, 13.

Der Bund der Sicherheit. 1. Mof. 6, 18.
8, 21. 22. und 9, 9—17.

Der Bund der Wohlfahrt und des Segens.
1. Mof. 7, 1—13. 12, 1—3 und 15, 18.
2. Mof. 19, 6. Jef. 59, 21.

Der Bund der Erkenntniß. Jer. 31, 31.

60. Gott ist Liebe.

Er nennt uns seine Kinder. 1. Joh. 3, 1.

Seine Liebe ist ewig. Jer. 33, 1.

Er ist für uns. Röm. 8, 31.

Er hat seinen Sohn für uns dahin gegeben.
Joh 3, 16. Röm. 8, 32.

Wer will uns scheiden von der Liebe Gottes.
Röm. 8, 35.

Wir sind sicher in seiner Liebe. Joh. 10, 28.

Die Länge seiner Liebe. (Bis an's Ende).
Joh. 13, 1.

Er macht seine Wohnung in uns. Joh. 14, 23.

Er züchtiget uns weil er uns liebt. Ebr. 12, 6.

Er will uns nie verlassen. Ebr. 13, 5.

Er steht fester bei, denn ein Bruder. Spr. 18, 24.

Er hat uns in seine Hände gezeichnet. Jes. 49, 16.

Er sorget für uns. 1. Pet. 5, 7.

Lasset uns ihn lieben, denn er hat uns erst geliebet. 1. Joh. 4, 19.

61. Gott ist unser Führer.

Wir bedürfen einen Führer. Röm. 3, 12. Jes. 51, 18. Jes. 53, 6. 1. Pet. 2, 25. Luc. 19, 10.

Gott will uns führen. Jes. 55, 4. Pf. 25, 9. Pf. 80, 2. Jes. 48, 21. 42, 16. und 48, 17.

Auf welchen Grund hin er uns führt. Pf. 31, 4. Pf. 23, 3.

Wie Gott uns führet.

Durch sein Wort. Pf. 119, 105. 2. Tim. 3, 16.

Durch seinen Geist. Hes. 36, 27. Joh. 16, 13. Röm. 8, 14.

Durch seine Vorsehung. Pf. 37, 23. Spr. 16, 9.

Mit seinen Augen. Pf. 32, 8.

Nach seinem Rath. Pf. 73, 24.

An seiner Hand. Pf. 139, 10.

Mit seiner Stimme. Jes. 30, 21. Joh. 10, 3—5.

Durch seine Stärke. 2. Mos. 15, 13.

In der Versuchung. 5. Mos. 32, 10. 11. Jes. 42, 16. Jer. 31, 9.

Wo Gott uns führet.

In alle Wahrheit. Joh. 16, 13. Pf. 43, 3.

Auf dem Weg des Friedens. Luc. 1, 79.

Zur Buße. Röm. 2, 4.

In der Wüste. Pf. 78, 52.

Zu den Wasserquellen. Jes. 49, 10. Pf. 23, 2. Joh. 4, 10.

Wie lange? Pf. 48, 15. Jes. 58, 11.

Selbst wenn Irre gehend. Jes. 57, 17. 18.

Ewig im Himmel. Offb. 7, 17.

Andere Leiter führen in's Verderben. Matth. 7, 13. 15, 14. und 23, 16.

62. Gott erlöset sein Volk.

Von der Gewalt des Satans. Apg. 26, 18. Pf. 124, 7.

Von der Herrschaft der Sünde. Röm. 6, 14.

Vom geistlichen Tod. Eph. 2, 1. 5.

Aus der grausamen Grube. Pf. 40, 3. 32, 5.

Von der Unruhe der Gottlosen. Jef. 57, 20.

Von der Furcht des Todes. Ebr. 2, 15.

Von dem zukünftigen Zorn. 1. Theff. 1, 10.

Von allem Uebel. 1. Mof. 48, 16.

Von der Furcht vor Menschen. Spr. 29, 25.

Von dem Geiz, die Wurzel alles Uebels. 1. Tim. 6, 10. 11.

Aus aller Noth. Pf. 54, 9.

Von ängstlichen Sorgen. Phil. 4, 6.

63. Gott beruft sein Volk.

Zu seinem wunderbaren Licht. 1. Pet. 2, 9.

Zur Weihe und zur Heiligung. Röm. 12, 1. 1. Theff. 4, 7.

Zur Freiheit. Gal. 5, 13.

Zur Gemeinschaft mit Christo. 1. Cor. 1, 9.

Zum himmlischen Erbe. 1. Pet. 1, 4.

Zum Leiden und zur Geduld. 1. Pet. 2, 20.

Zur ewigen Herrlichkeit. 1. Pet. 5, 10.

Zum Frieden. Col. 3, 15.

Er ruft sie mit Namen. Jef. 43, 1. Joh. 10, 3.

Nach seinem Vorsatz. 2. Tim. 1, 9.

Um vor ihm zu wandeln. 1. Mof. 17, 1.

Den Kampf des Glaubens zu kämpfen. 1. Tim. 6, 12.

64. Der Christ ein Ackersmann.

Pflüget ein Neues. Jer. 4, 3.

Pflüget und egget. Hof. 10, 11—12.

Frühe säe deinen Samen. Pr. 11, 6.

Die mit Thränen säen, werden mit Freuden ernten. Pf. 126, 5.

Sie tragen edlen Samen. Pf. 126, 6.

Der Same ist das Wort Gottes. Luc. 8, 11.

Der Acker ist die Welt. Matth. 13, 38.

Säet allenthalben an den Wassern. Jes. 32, 20

Säet in Gerechtigkeit und erntet Liebe. Hof. 10, 12.

Säet auf den Geist — erntet zu seiner Zeit. Gal. 6, 8. 9.

Pflanzet — begießet. 1. Cor. 3, 6—8.

Was der Mensch säet, das wird er ernten. Gal. 6, 7.

Wer da schneidet, der empfängt Lohn. Joh. 4, 36.

Das Feld ist weiß zur Ernte. Joh. 4, 35.

Beide freuen sich, der da säet und der da schneidet. Joh. 4, 36.

Der Weinberg ist das Haus Israel. Jes. 5, 7.

Mein Sohn, gehe hin, und arbeite heute. Matth. 21, 28.

Wir sind Gottes Mitarbeiter. 1. Cor. 3, 9.

Die Ernte ist groß, aber wenig Arbeiter. Matth. 9, 38.

Bittet den Herrn der Ernte um mehr Arbeiter. Matth. 9, 38.

65. Der Christ ein Pilger.

Gehe aus deinem Vaterland. 1. Mos. 12, 1. 4

Keine Stadt darein zu wohnen. Ps. 107, 4.

Kein Bleiben um der Unreinigkeit willen. Micha 2, 10.

Sie forschen nach dem Wege gen Zion. Jer. 50, 5.

Sie werden gen Zion kommen. Jes. 35, 10.

Fliehet aus dem Lande. Jer. 50, 8.

In Hütten wohnend. Ebr. 11, 9.

Der Herr führet den richtigen Weg. Ps. 107, 6. 7.

Es geht durch das Jammerthal. Ps. 84, 7.

Durch die arge Welt. 1. Joh. 5, 19.

Die bösen Menschen haben Stricke gelegt. Pf. 140, 5. 6.

Dennoch mitten in der Angst erquicket. Pf. 138, 7.

· Pilger sind Gäste und Fremdlinge. Ebr. 11, 13.

Gott hat ihnen eine Stadt zubereitet. Ebr. 11, 16.

Trachtet nach dem, das droben ist. Col. 3, 2.

Enthaltet euch von der Fleischeslust. 2. Pet. 2, 10.

Wandelt würdiglich dem Herrn. Col. 1, 10.

Führet euren Wandel hier mit Furcht. 1. Pet. 1, 17.

Unser Wandel ist im Himmel. Phil. 3, 20.

Es fließen Wasserströme in der Wüste. Jef. 35, 6.

Es wird daselbst ein sicherer Weg sein. Jef. 35, 8.

Dies ist der Weg, denselben gehet. Jef. 30, 21. So komm nun mit uns. 4. Mof. 10, 29.

66. Die Tiefen der Gottheit.

Seine unaussprechliche Gabe. 2. Cor. 9, 15.

Der unausforschliche Reichthum Christi. Eph. 3, 8.

O, welch eine Tiefe der Weisheit. Röm. 11, 33.

Wie gar unerforschlich sind seine Wege. Röm. 11, 33.

Die Liebe Christi übersteigt alles Wissen. Eph. 3, 19.

Der Friede Gottes, höher denn alle Vernunft. Phil. 4, 7.

Seine Gedanken sind unzählbar. Pf. 40, 5.

Unaussprechliche Worte, welche kein Mensch sagen kann. 2. Cor. 12, 4.

Vertretung für uns mit unaussprechlichem Seufzen. Röm. 8, 26.

Er kann überschwänglich thun, über Alles das wir bitten oder verstehen. Eph. 3, 20.

Der Geist erforschet alle Dinge, auch die Tiefen der Gottheit. 1. Cor. 2, 10.

67. „Unser Vater“.

Unser Vater in dem Himmel. Jes. 64, 8. Matth. 6, 9. Luc. 11, 2. Matth. 5, 48. und 7, 11. Joh. 20, 17.

Wie wir Gottes Kinder werden. Eph. 1, 4. 5. Joh. 1, 12. 1. Pet. 1, 3. Röm. 8, 14. Gal. 3, 26.

Darin offenbart Gott seine Liebe gegen uns, daß wir seine Kinder sein sollen. 1. Joh. 3, 1. 2. 2. Cor. 6, 18.

Woran wir erkennen, daß wir seine Kinder sind. Röm. 8, 15. 16. Gal. 4, 6.

Als solcher liebevoller Vater, sorgt er für uns. Ps. 103, 13. Jes. 49, 15.

Er giebt uns alles, was uns nützlich ist. Ps. 34, 10. 11. Röm. 8, 31. 32. Röm. 8, 28.

Wir dürfen zu ihm beten, und ihn bitten um alles was wir bedürfen. Matth. 7, 7. 11. Eph. 3, 20.

Ihm dürfen wir Alles sagen. Matth. 6, 6. 8. 1. Pet. 5, 7.

Das innige Verhältniß. Joh. 17, 21—24.

Derhalben beuge ich meine Kniee gegen den Vater unsers Herrn Jesu Christi, der der rechte Vater ist über Alles, was da Kinder heißt im Himmel und auf Erden. Eph. 3, 14. 15.

68. Sieben Gaben Gottes.

1. Seinen Sohn. Joh. 3, 16.

2. Den heiligen Geist. Joh. 14, 16. 17. Apg. 2, 38. Apg. 10, 45.

3. **Glaube.** Eph. 2, 8. 2. Cor. 4, 13. 1. Cor. 12, 8. 9. Luc. 17, 5.

4. **Gnade.** Röm. 12, 6. 1. Cor. 1, 4. 2. Cor. 6, 1. Eph. 3, 7. Eph. 4, 7. Jak. 4, 6.

5. **Gerechtigkeit.** Röm. 5, 17.

6. **Friede.** Joh. 14, 27.

7. **Ewiges Leben.** Röm. 6, 23. 1. Joh. 5, 11.

69. Christus unser Fels.

1. **Des Heils.** 2. Sam. 22, 47. Joh. 2, 9. Apg. 4, 11. 12.

2. **Grund.** Matth. 7, 24. 25. 1. Cor. 3, 11. Jef. 28, 16. Eph. 2, 19. 20. 1. Pet. 2, 1—8.

3. **Zuflucht.** Pf. 94, 22. Pf. 62, 2—9. Pf. 27, 1—5.

4. **Schutz.** Pf. 61, 3. 4. Hiob 24, 8. Spr. 18, 10.

5. **Befriedigend.** 2. Mof. 17, 6. 1. Cor. 10, 4. Pf. 81, 14—17. Joh. 4, 14.

6. **Stärke.** Pf. 31, 3. 4. Jef. 26, 4. Pf. 28, 7. 8.

7. **Ruhe.** Jef. 32, 2. Matth. 11, 28. 29. Ebr. 4, 3.

70. Der Mensch Christus Jesus.

Sehet welch ein Mensch. Joh. 19, 5.

Der Mensch Christus Jesus. 1. Tim. 2, 5.

Der bevorzugte Mensch. Joh. 1, 27, 30.

Der beurtheilungsfähige Mensch. Joh. 4, 29.

Der anmuthige Mensch. Joh. 7, 46.

Der freundschaftliche Mensch. Luc. 15, 2.

Der schuldlose Mensch. Matth. 3, 17. Luc. 23, 22.

Der Gott Mensch. Joh. 19, 7. Marc. 15, 39.

Der verworfene Mensch. Luc. 19, 14. Joh. 18, 40.

Der auferstandene Mensch. Apg. 2, 32. 1. Cor. 15, 21.

Der verherrlichte Mensch. Apg. 7, 55. Offb. 1, 13.

Der himmlische Mensch. Ebr. 10, 12. 1. Cor. 15, 47.

Dieser Menschen Sohn wird kommen. Matth. 16, 27.

Willst du mit diesem Manne ziehen? 1. Mos. 24, 58.

71. Christus für die Seinen.

Er gab sich selbst für ihre Sünden. Gal. 1, 4.

Er belebt sie mit seiner Stimme. Joh. 5, 25.

Er versiegelt sie mit dem heiligen Geist. Eph. 1, 13.

Er speiset sie mit seinem Fleisch und Blut. Joh. 6, 55, 56.

Er reiniget sie durch sein Wort. Joh. 15, 3. Eph. 15, 26.

Er erhält sie durch seine Fürbitte. Röm. 8, 34. Ebr. 7, 25. 1. Joh. 2, 1.

Er nimmt sie einzeln zu sich. Apg. 7, 58. Phil. 1, 23.

Er wachet über ihre Asche. Joh. 6, 39. 40.

Er wird sie auferwecken durch seine Kraft. Joh. 6, 39. 40. 1. Cor. 15, 52. 1. Theff. 4, 16.

Er wird kommen sie zu begegnen in der Luft. 1. Theff. 4, 17.

Er wird sie in sein Bild verklären. Phil. 3, 21.

Er wird sie zu sich nehmen in sein ewiges Reich. Joh. 14, 3. und 17, 24.

Wohl dem Volk, dem es also gehet. Aber wohl dem Volk, deß der Herr sein Gott ist. Pf. 144, 15.

72. Christus unser Leben.

1. Ich bin gekommen, daß sie das Leben und volle Genüge haben sollen. Joh. 10, 11.

2. Ich bin der Weg, und die Wahrheit, und das Leben. Joh. 14, 6.

3. Ich bin die Auferstehung und das Leben. Wer an mich glaubt, der wird leben, ob er gleich stürbe. Joh. 11, 25.

4. Ich gebe ihnen das ewige Leben; und sie werden nimmermehr umkommen, und Niemand wird sie mir aus meiner Hand reißen. Joh. 10, 28.

5. Ich lebe, und ihr sollt auch leben. Joh. 14, 19.

6. Ich lebe aber; doch nun nicht ich, sondern Christus lebet in mir. Gal. 2, 20.

7. Wenn aber Christus, euer Leben, sich offenbaren wird, dann werdet ihr auch offenbar werden mit ihm in der Herrlichkeit. Col. 3, 4.

73. Jesus das Licht.

1. In ihm war das Leben, und das Leben war das Licht der Menschen. Joh. 1, 4.

2. Das war das wahrhaftige Licht, welches alle Menschen erleuchtet, die in diese Welt kommen. Joh. 1, 9.

3. Ich bin das Licht der Welt. Joh. 8, 12.

4. Es ist das Licht noch eine kleine Zeit bei euch. Joh. 12, 35.

5. Ich bin gekommen in die Welt, ein Licht, auf daß, wer an mich glaubet, nicht in der Finsterniß bleibe. Joh. 12, 46.

6. Ein Licht zu erleuchten die Heiden, und zum Preis deines Volks Israels. Luc. 2, 32.

7. Es wird ein Stern aus Jakob aufgehen. 4. Mos. 24, 17.

8. Ich bin die Wurzel des Geschlechts Davids, ein heller Morgenstern. Offb. 22, 16.

9. Euch aber, die ihr meinen Namen fürchtet, soll aufgehen die Sonne der Gerechtigkeit, und Heil unter desselben Flügel. Mal. 4, 2.

10. Das Volk so im Finstern wandelt, siehet ein großes Licht, und über die da wohnen im finstern Lande, scheint es helle. Jes. 9, 2.

74. Schaue auf Jesum.

In Versuchung. Denn er ward versucht. Ebr. 2, 18.

Im Leiden. Denn er litt mit ihnen. Jes. 63, 9.

In Mühsalen. Denn er will erquicken. Matth. 11, 28.

In Krankheit. Denn er trug unsere Seuche. Matth. 8, 17.

In Gesundheit. Denn er macht gesund. Joh. 5, 14.

In Reichthum. Reichthum und Ehre kommt von ihm. 1. Chron. 29, 12.

In Armuth. Denn er ward arm um euretwillen. 2. Cor. 8, 9.

In Verachtung. Er ist für uns verachtet. Jes. 53, 3.

Wenn verlassen. Er will dich nicht verlassen. Ebr. 13, 5.

Im Sterben. Herr Jesu nimm meinen Geist auf! Apg. 7, 58.

Immer, unter allen Umständen.

75. Der gute Hirte.
Joh. 10, 12—16.

1. Hirten. 1. Mos. 47, 3. 2. Mos. 2, 17. Luc. 2, 8. 20. 1. Sam. 16, 11. 19. Matth. 15, 24.

2. Der Herr mein Hirte. Pf. 23, 1—4. 1. Pet. 2, 25. und 5, 4. Ebr. 13, 20. 21.

3. Er kennet seine Schafe. Joh. 10, 14. Hes. 34, 11—13. 2. Tim. 2, 19. Joh. 10, 27.

4. Er sorgt für seine Schafe. Joh. 10, 9. Pf. 34, 10. Jes. 64, 11. Röm. 8, 28.

5. Er führet seine Schafe. Joh. 10, 3. 16. Pf. 23, 3. Pf. 48, 15. Joh. 16, 13.

6. Er giebt sein Leben für seine Schafe. Joh. 10, 12. 15. Jes. 53, 5. Röm. 5, 8. Eph. 5, 2. Tit. 2, 14.

7. Er freuet sich seiner Schafe. Joh. 10, 28. 29. Mal. 3, 17. 1. Pet. 2, 9. Offb. 7, 17.

76. Christus ist Alles und in Allem.

Christus ist der Heiland der Menschen. 2. Tim. 1, 10.

Christus ist die Thür. Joh. 10, 9.

Christus ist der Weg. Joh. 14, 6.

Christus ist das Licht der Welt. Joh. 8, 12.

Christus ist der große Arzt. Joh. 5, 6.

Christus ist das Brod des Lebens. Joh. 6, 35.

Christus ist der geschlagene Fels. 1. Cor. 10, 4.

Christus ist unser Friede. Eph. 2, 14.

Christus ist der Anfänger und Vollender des Glaubens. Ebr. 12, 2.

Christus ist unser Hirte. Joh. 10, 12.

Christus ist unser Beispiel. Joh. 13, 15.

Christus ist unser Hohepriester. Ebr. 7, 26.

Christus ist unser Herr und Meister. Joh. 13, 13.

Christus ist der König aller Könige. Offb. 19, 16.

77. Namen des heiligen Geistes.

Geist. Röm. 8, 26.

Heilige Geist. Luc. 11, 13.

Geist der Wahrheit. Joh. 14, 17.

Geist der Kindschaft. Röm. 8, 15.

Gottes Geist. Röm. 8, 9.

Christi Geist. Röm. 8, 9.

Geist der Herrlichkeit. 1. Pet. 4, 14.

Geist der Gnade. Ebr. 10, 29.

Geist der Verheißung. Eph. 1, 13.

Geist der Weisheit. Eph. 1, 17.

Guter Geist. Neh. 9, 20.

Geist des Herrn. Luc. 4, 18.

Heilige Geist. Apg. 1, 5.

Tröster. Joh. 14, 16.

78. Das Werk des heiligen Geistes.

Er tröstet. Joh. 14, 16.

Er zeuget. Röm. 8, 16. Joh. 15, 26.

Er lehret. Joh. 14, 26.

Er leitet. Joh. 16, 13.

Er vertritt uns. Röm. 8, 26. 27.

Er heiliget. 1. Cor. 6, 11.

Er straft. 1. Mos. 6, 3. Joh. 16, 8.

Er offenbaret. Eph. 3, 5.

Er giebt. Röm. 5, 5.

Er macht gerecht. 1. Cor. 6, 11.

Er inspirirt. 2. Tim. 3, 16.

Er ist der Autor unseres Lebens. Joh. 3, 5—8.

Er macht lebendig. 1. Pet. 3, 18.

Er erforschet alle Dinge. 1. Cor. 2, 10.

Durch ihn haben wir Zugang. Eph. 2, 18.

Er wirkt in der Seele. Tit. 3, 5. Matth. 28, 19. 1. Cor. 12, 11. 2. Pet. 1, 21.

79. Sinnbilder des heiligen Geistes.

1. Wind oder Hauch. Hes. 37, 9. Joh. 3, 8. und 20, 22. Apg. 2, 2.

2. Wasser. Jes. 44, 3. Hes. 36, 25. Joh. 7, 38, 39.

3. Feuer. Matth. 3, 11.

4. Oel. Jes. 61, 1. Ebr. 1, 9.

5. Siegel. Eph. 1, 13. und 4, 30.

6. Pfand. Eph. 1, 14.

7. Eine Taube. Matth. 3, 16.

8. Ein Führer. Joh. 16, 13.

80. Was ist ein Christ?

Die Jünger wurden am ersten zu Antiochien Christen genannt. Apg. 11, 26.

1. Dem Glauben nach, ist er ein Gläubiger an Christum. Joh. 1, 11, 12. und 3, 14—18. Apg. 10, 43. Röm. 4, 5. und 5, 1. Gal. 2, 16. 1. Joh. 5, 10—13.

2. In Verwandtschaft ist er ein Kind. Joh. 1, 13 Joh. 3, 3—7. Röm. 8, 15. 16. Gal. 3, 26. und 4, 1—7.

3. An Charakter ist er ein Heiliger. Apg. 9, 13. 26, 10. Röm. 1, 7. 8, 1. 27. 1. Cor. 1, 2. 6, 11. Eph. 3, 8. Ebr. 13, 12. 1. Pet. 1, 15.

4. In Gemeinschaft ist er ein Freund. Joh. 15, 15. 1. Joh. 1, 3. Jak. 2, 23. Ebr. 2, 11. 12.

5. Im Kampf ein Kriegsmann. 2. Tim. 2, 3. Matth. 10, 34. Joh. 15, 18—20. 1. Cor. 9, 24—27. 2. Tim. 4, 7. 8.

6. In Erfahrung ein Pilger. Phil. 3, 20. 1. Pet. 2, 11. Gal. 6, 14. Ebr. 11, 13. 2. Cor. 5, 1.

7. In Erwartung ein Erbe. Röm. 8, 17. Gal. 3, 29. Tit. 3, 7. Jak. 2, 5. Matth. 13, 43. Offb. 21, 7.

81. Rath an junge Christen.

Alles, was ihr thut mit Worten oder mit Werken, das thut Alles in dem Namen des Herrn Jesu. Col. 3, 17.

1. Versäume nie das tägliche, verborgene Gebet. Wenn thunlich, laß es zu einer bestimmten Zeit geschehen, und bedenke, Gott hört dein Gebet. Matth. 6, 6. Ebr. 11, 6.

2. Lies fleißig deine Bibel, und wenn du liesest, bedenke daß Gott zu dir redet. Jos. 1. 8. 2. Tim. 3, 16. 17. 1. Pet. 2, 2.

3. Suche christliche Gesellschaft. Bedenke, böse Gesellschaften verderben gute Sitten. 1. Joh. 1, 3. Apg. 2, 42. 1. Tim. 4, 16.

4. Schließ dich einer Kirche an. Sie ist eine Stiftung Gottes. In Vereinigung liegt Stärke. Apg. 2, 47. Matth. 16, 18.

5. Besuche fleißig die öffentlichen Gottes= dienste, und thue es mit Genuß. Ebr. 10, 25. Ps. 122, 1. Ps. 84, 11.

6. Rede und bete öffentlich, so wirst du dich selbst und Anderen zum Segen sein. Mal. 3, 16. 17. Ps. 40, 10.

7. Laß keinen Tag vorüber gehn, ohne den Versuch gemacht zu haben, Etwas für Jesum und am Werk der Seelenrettung gethan zu haben. Matth. 7, 16—20. Offb. 22, 17. Joh. 1, 35—51. und 15, 8.

8. Bist du im Zweifel, ob eine Handlung recht oder unrecht ist, halte still, bitte Gott um Leitung und Segen. 1. Cor. 10, 31. Röm. 14, 23.

9. Berufe dich nie auf andere Christen als Entschuldigung für deine Handlung; sondern frage dich: wie würde Jesus an meiner Stelle handeln? 2. Cor. 10, 12. Joh. 10, 27.

10. Glaube nie, das, was du fühlst im Wiederspruch mit Gottes Wort zu sein. Glaube

Gott und mach dein Herz zum Lügner. Röm. 3, 4. 1. Joh. 5, 10.

Ohne mich könnet ihr nichts thun. Joh. 15, 5.

82. Der Christen Pflichten unter einander.

Ein neu Gebot gebe ich euch, daß ihr euch unter einander liebet, wie ich euch geliebet habe, auf daß auch ihr einander lieb habet. Joh. 13, 34.

Nun aber sind der Glieder viele aber der Leib ist einer. 1. Cor. 12, 20.

Die brüderliche Liebe unter einander sei herzlich. Röm. 12, 10.

Einer komme dem Andern mit Ehrerbietung zuvor. Röm. 12, 10.

Nehmet euch untereinander auf, gleichwie euch Christus hat aufgenommen zu Gottes Lobe. Röm. 15, 7.

Durch die Liebe diene Einer dem Andern. Gal. 5, 13.

Einer trage des Andern Last. Gal. 6, 2.

Vergebet Einer dem Andern. Eph. 4, 32.

Vertrage Einer den Andern. Col. 3, 13.

Tröstet euch .... unter einander. 1. Theff. 4, 18.

Ermahnet euch unter einander. 1. Theff. 5, 11.

Und laffet uns unter einander unfer felbft wahrnehmen, mit Reizen zur Liebe und guten Werken. Ebr. 10, 24.

Bekenne Einer dem Andern feine Sünden. Jak. 5, **16.**

Betet für einander. Jak. **5,** 16.

Seid gaftfrei unter einander ohne Murmeln. 1. Pet. 4, 9.

Allefammt feid unter einander unterthan. 1. Pet. 5, 5.

Endlich aber feid allefammt gleich gefinnet, mitleibig, brüderlich, barmherzig, freundlich. 1. Pet. 3, 8.

83. Das Bild einer Christin.

Sie ift Eins von der Familie, welche Jefus liebt. Joh. 11, 5. Denn der Herr hat ihr das Herz aufgethan wie der Lydia. Apg. 16, 14.

Sie hat denfelben ungefärbten Glauben, welcher wohnte in Loide und Eunika. 1. Tim. 1, 5. Dabei ift ihr Herz fröhlich wie das der Hanna. 1. Sam. 2, 1.

Sie sitzet zu Jesu Füßen wie Maria. Luc. 10, 39. Und wie die andere Maria behält sie alle Worte, die von ihm gesagt sind, und bewegt dieselben in ihrem Herzen. Luc. 2, 19. 51.

Ihr Verlangen ist, Gott zu dienen mit Selbstverleugnung wie Hanna. Luc. 2, 36. 37. Und ist immer bereit, seine Güte zu rühmen. Luc. 2, 38.

Sie hat ein Herz für den Herrn zu arbeiten wie Tryphena, Tryposa und Persida. Röm. 16, 12. Welcher Namen sind in dem Buch des Lebens. Phil. 4, 3.

Sie ist auch voll guter Werke, besonders für Wittwen und Waisen, wie Tabea. Apg. 9, 36—39. Und wie Phöbe thut sie viel Dienst in der Gemeine. Röm. 16, 1. 2.

Wie Johanna und Susanna dem Herrn persönlich Handreichung thaten, so thut sie es ihm nun an den Seinen. Luc. 8, 3.

Solche ist sie, die das gute Theil erwählet hat, das nicht soll von ihr genommen werden. Luc. 10, 42.

84. Chriftlicher Wandel.

1. Der Wandel sei rein. Pf. 1, 1. Eph. 2, 2. 1. Cor. 6, 11. Col. 1, 21.

2. Wandelt in guten Werken. Eph. 2, 10. Jef. 44, 21. 22. 2. Cor. 5, 5. Gal. 5, 22. 23. Phil. 2, 12. 13. 2. Cor. 9, 8.

3. Wandelt würdiglich. Eph. 4, 1. 1. Theff. 2, 12. Col. 1, 10. Phil. 1, 27. 1. Pet. 1, 13—16. Ebr. 3, 1. 1. Theff. 4, 7.

4. Wandelt demüthig mit Gott. Eph. 4, 17. Röm. 12, 1 2. Röm. 6, 16. 2. Cor. 6, 14—16. Amos 3, 3. Micha 6, 8.

5. Wandelt in der Liebe. Eph. 5, 2. Joh. 15, 12. 1. Theff. 4, 9. 1. Joh. 4, 20. 21. und 3, 14. 1. Joh. 2, 5. 6.

6. Wandelt als Kinder des Lichts. Eph. 5, 8. Joh. 12, 36. 46. Joh. 8, 12. Jef. 60, 19, 20. 1. Joh. 1, 5. 7. Pf. 89, 16.

7. Wandelt vorsichtig. Eph. 5, 15. Col. 4, 5. Pf. 27, 11. 1. Theff. 4, 12. Neh. 5, 9.

85. Versuchung.

Führe uns nicht in Versuchung. Matth. 6, 13.

Wie wir aus derselben kommen. 1.Cor.10,13.

Erlösung aus der Versuchung. 2. Pet. 2, 9.

Die Zeit der Versuchung. Luc. 8, 13.

Die da reich werden wollen, fallen in Versuchung. 1. Tim. 6, 9.

Mancherlei Anfechtungen. Jak. 1, 2. 1. Pet. 1, 6.

Du möchtest sonst auch versucht werden. Gal. 6, 1.

Niemand sage daß er von Gott versucht werde. Jak. 1, 13. 14.

Daß euer Glaube rechtschaffen und köstlicher werde. 1. Pet. 1, 7.

Selig ist, der die Anfechtung erduldet. Jak. 1, 12.

Ich will dich bewahren vor Versuchung. Offb. 3, 10.

86. Schritte des Rückgangs.

1. Versäumung des verborgenen Gebets. Hiob. 15, 4.

2. Mißachtung des Wortes Gottes. Jer. 6, 19.

3. Verlaffung der Gnadenmittel. Ebr. 10, 25.

4. Weltſinn. 2. Tim. 4. 10. 1. Joh. 2, 15.

5. Leichtſinnige Redensart. Eph. 5, 4. 2. Pet. 3, 11.

6. Ein zänkiſcher Geiſt. Jeſ. 29. 21. 1. Cor. 3, 3.

7. Sich an den Fehlern Anderer aufhalten. Matth. 7, 3. 5.

8. Leicht Anſtoß nehmen. Spr. 14, 17. und 18, 19.

9. Ein murrender Geiſt. 1. Cor 10, 10. Phil. 2, 14.

10. Krittelndes Hören des Worts. 2. Tim. 4, 3.

11. Der Geiz. Luc. 12, 15.

12. Es mit der Sünde leicht nehmen. Matth. 22, 5.

13. Unmäßigkeit. Spr. 23, 29—32.

14. Hervorthuerei. Spr. 16, 18. Luc. 14, 8—11.

15. Geheimen Sünden fröhnen. 4. Moſ. 32, 23. Pred. 12, 14.

16. In offenbare Sünde fallen. Spr. 14, 14. Hoſ. 4, 17.

17. Spott und Unglaube. 2. Pet. 3, 3.

18. Verfolgung der Gerechten. Apg. 7, 52.

19. Ein schrecklicher Tod. Pf. 73, 19.

20. Ewige Verdammniß. Matth. 25, 41.

„Aber der Herr ist treu, der wird euch stärken und bewahren vor dem Argen."

87. Das Gebet.

Das Muster=Gebet. Matth. 6, 9—13.

Befohlen. Jes. 55, 6. Matth. 7. 7. Phil. 4, 6.

Im Namen Jesu. Joh. 16, 23. Eph. 2, 18.

Nach seinem Willen. 1. Joh 5, 14. 15.

In völligem Glauben. Ebr. 10, 22. und 11, 6.

Durch die Vertretung des Geistes. Röm. 8, 26.

Mit Freudigkeit. Ebr. 4, 16.

In Wachsamkeit. Luc. 21, 36.

In Gehorsam. Joh. 9, 31.

In allen Dingen. Phil. 4, 6.

Sollten Allezeit beten. Luc. 18, 1. Eph. 6, 18.

Gottes Willigkeit zum geben. Matth. 7, 11.

„O süße Stunde des Gebets!"

88. Jesus der Mann des Gebets.

1. Bei der Taufe betete er, daß sich der Himmel aufthat, und der heilige Geist kam auf ihn. Luc. 3, 21. 22.

2. Nachdem er viele Kranke gesund gemacht hatte. Marc. 1, 35.

3. Als sein Ruhm sich ausbreitete und viel Volks kam ihn zu hören. Luc. 5, 16.

4. Als ihn seine Feinde verfolgten, und ehe er seine Jünger erwählte. Luc. 6, 12.

5. Als er 5,000 Mann gespeiset hatte. Marci 6, 46.

6. Auf dem Berg der Verklärung. Luc. 9, 29.

7. Am Grabe des Lazarus. Joh. 11, 41. 42.

8. Als er seinen Jüngern beten lehrte. Luc. 11, 1.

9. Er betete als er allein war, und seinen Jüngern sagte, daß er viel leiden und getödtet werden müsse. Luc. 9, 18. 22.

10. Als seine Seele betrübt war. Joh. 12, 27.

11. Als er im Begriff stand, seine Jünger in einer Welt der Trübsal zu lassen. Joh. 17.

12. Im Garten Gethsemane. Matth. 26, 36. 39.

13. Für seine Mörder. Luc. 23, 34.

14. Jesus gab seinen Geist auf im Gebet. Luc. 23, 46.

89. Der Glaube.

Es ist aber der Glaube eine gewisse Zuversicht deß, das man hoffet, und nicht zweifelt an dem, das man nicht siehet. Ebr. 11, 1.

Hoffnung des Glaubens. Gal. 5, 5.

Freude des Glaubens. Phil. 1, 25.

Zuversicht des Glaubens. Eph. 3, 12.

Im Glauben reden. 2. Cor. 4, 13.

Frieden im Glauben. Röm. 15, 13.

Ruhe im Glauben. Ebr. 4, 3.

Kampf des Glaubens. 1. Tim. 6, 12.

Christen leben im Glauben. Röm. 1, 17.

Christen stehen im Glauben. 2. Cor. 1, 24.

Christen wandeln im Glauben. 2. Cor. 5, 7.

Christen widerstehen dem Teufel im Glauben. 1. Pet. 5, 9.

Christen überwinden die Welt im Glauben. 1. Joh. 5, 4.

Christen sterben im Glauben. Ebr. 11, 13.

Wir werden selig durch den Glauben. Apg. 16, 31.

Wir erlangen Vergebung der Sünden durch den Glauben. Röm. 3, 25.

Wir empfangen die Kindschaft durch den Glauben. Gal. 3, 26.

Wir werden gerecht durch den Glauben. Röm. 5, 1.

Wir werden geheiliget durch den Glauben. Apg. 26, 18.

Wir werden gereiniget durch den Glauben. Apg. 15, 9.

Wir werden bewahret durch den Glauben. 1. Pet. 1, 5.

Der Glaube soll ungefärbt sein. 1. Tim. 1, 5.

Wir sollen stark sein im Glauben. Röm. 4, 20. 21.

Durch den Glauben ererben wir die Verheißung. Ebr. 6, 12.

90. Die Hoffnung.

Wohl dem .... deß Hoffnung auf den Herrn, seinen Gott, stehet, (Pf. 146, 5.) der hat:

Eine gute Hoffnung. 2. Theff. 2, 16.

Eine selige Hoffnung. Tit. 2, 13.

Den Ruhm der Hoffnung. Ebr. 3, 6.

Eine feste Hoffnung. Ebr. 6, 18.

Eine lebendige Hoffnung. 1. Pet. 1, 3.

Eine selig machende Hoffnung. Röm. 8, 24.

Die Hoffnung der Herrlichkeit. Col. 1, 27.

Eine reinigende Hoffnung. 1. Joh. 3, 3.

Hoffnung durch Erfahrung. Röm. 5, 4.

Wer seine Hoffnung ganz auf die Gnade setzet, (1. Pet. 1, 13.) der wird nicht zu Schanden werden. Röm. 5, 5.

91. Die Liebe.

Wenn ich mit Menschen- und Engelzungen redete, und hätte der Liebe nicht, so wäre ich ein tönendes Erz, oder eine klingende Schelle. 1. Cor. 13, 1.

Liebe ist der Beweis des Lebens in Christo. 1. Joh. 3, 14.

Liebe ist die erste Frucht des Geistes. Gal. 5, 22.

Liebe ist die Thätigkeit des Glaubens. Gal. 5, 6.

Liebe ist des Gesetzes Erfüllung. Röm. 13, 10.

Liebe ist das neue Gebot. Joh. 13, 34.

Liebe ist was wir Einander schulden. Röm. 13, 8.

Liebe ist das Kennzeichen wahrer Jüngerschaft. Joh. 13, 35.

Liebe ist das Band der Vollkommenheit. Col. 3, 14.

Liebe ist köstlicher denn irdisches Gut. Hohel. 8, 7.

Liebe ist stark wie der Tod. Hohel. 8, 6.

Liebe ist thätig in der Wahrheit. 1. Joh. 3, 18.

Liebe ist brünstig aus reinem Herzen. 1. Pet. 1, 22.

Liebe treibt zum Dienst des Herrn. 2. Cor. 5, 14.

Liebe eignet sich für „liebe Kinder". Eph. 5, 1. 2.

Liebe decket der Sünden Menge. 1. Pet. 4, 8.

Liebe ist die größte aller Gaben. 1. Cor. 13, 13.

92. Heiligkeit.

„Ihr sollt heilig sein, denn ich bin heilig."

Gott ist heilig, heilig, heilig. Offb. 4, 8.

Der Vater ist heilig. Joh. 17, 11.

Der Sohn ist heilig. Luc. 1, 35.

Der heilige Geist. Eph. 4, 30.

Gottes Volk ist ein heiliger Tempel. 1. Cor. 3, 17.

Gottes Volk ist ein heiliges Priesterthum. 1. Pet. 2, 5.

Gottes Volk sind heilige Brüder. Ebr. 3, 1.

Der Vater hat uns erwählet zur Heiligung. Eph. 1, 4.

Der Sohn starb, daß wir heilig sein sollen. Eph. 5, 27.

Der Geist ward gegeben, daß wir heilig sein sollen. 2. Thess. 2, 13.

Gott erneuert uns in der Heiligung. Eph. 4, 24.

Gott beruft uns zur Heiligung. 1. Thess. 4, 7.

Gott stärkt unsere Herzen in der Heiligung. 1. Thess. 3, 13.

Gott züchtiget uns zur Heiligung. Ebr. 12, 10.

Wir sollen ihm dienen in Heiligkeit. Luc. 1, 74, 75.

Wir sollen mit der Heiligung fortfahren. 2. Cor. 7, 1.

Wir sollen der Heiligung nachjagen. Ebr. 12, 14.

Wir haben Frucht zur Heiligung. Röm. 6, 22.

Wir sollen unsere Leiber zu einem heiligen Opfer begeben. Röm. 12, 1.

Er will uns vor ihm heilig darstellen. Col. 1, 22.

Wir sollen Bürger des heiligen Jerusalems sein. Offb. 21, 10.

Wer heilig ist, der sei immerhin heilig. Offb. 22, 11.

93. „Neu“.

Der auf dem Stuhl saß, sprach: Siehe, ich mache Alles neu. Offb. 21, 5.

Ein neu Testament. Matth. 26, 28. Marc. 14, 24. Luc. 22, 20. 1. Cor. 11, 25. Ebr. 9, 15.

Ein neuer Bund. Jer. 31, 31. Ebr. 8, 10.

Ein neuer und lebendiger Weg. Ebr. 10, 20.

Ein neuer Mensch. Eph. 2, 15. und 4, 24. Col. 3, 10.

Eine neue Creatur. 2. Cor. 5, 17. Gal. 6, 15. 2. Pet. 1, 4.

Ein neu Gebot. Joh. 13, 34. 1. Joh. 2, 8.

Ein neuer Geist. Hes. 11, 19. und 36, 26. Ps. 51, 12.

Ein neuer Himmel und neue Erde. Jes. 65, 17. und 66, 22. 2. Pet. 3, 13. Offb. 21, 1.

Ein neu Jerusalem. Offb. 3, 12. und 21, 2.

Ein neuer Name. Jes. 62, 2. Offb. 2, 17. und 3, 12.

Ein neu Lied. Pf. 40, 4. und 149, 1. Offb. 5, 9.

Neue Zungen. Marc. 16, 17. Apg. 2, 4. 1. Cor. 12, 10.

Gottes Barmherzigkeit ist alle Morgen neu. Klagel. 3, 23.

94. Die Unmäßigkeit.

1. Sie verursacht Sünde und Ruin. 1. Mof. 3, 6. 1. Joh. 2, 16. 2. Pet. 2, 13. Spr. 20, 1. und 23, 29. 30. 1. Cor. 6, 10.

2. Enthaltsamkeit gelehrt. 4. Mof. 6, 3. Spr. 23, 31, 32. Eph. 5, 18. Jef. 5, 22. Luc. 21, 34. Jer. 35, 6.

3. Unmäßigkeit verursacht Anstoß und Aergerniß. 1. Thess. 5, 22. Röm. 14, 21. 1. Cor. 9, 25. 27. 1. Cor. 8, 8—13. Röm. 13, 10—14. 1. Cor. 6, 19, 20. 2. Pet. 1, 5. 6.

Ihr esset nun, oder trinket, oder was ihr thut, so thut es Alles zu Gottes Ehre. 1. Cor. 10, 31.

95. „Sei nicht stolz.“

Wer zu Grunde gehen soll, der wird zuvor stolz, und stolzer Muth kommt vor dem Fall. Spr. 16, 18.

Stolz auf Geburt und Rang. Matth. 13, 55.

Stolz auf Reichthum. Matth. 8, 20.

Stolz auf Ansehen. Joh. 1, 46. Matth. 2, 23.

Stolz auf persönliches Aussehen. Jes. 53, 2.

Stolz auf guten Ruf. Matth. 11, 19.

Stolz auf Unabhängigkeit. Luc. 8, 3.

Stolz auf Wissenschaft. Joh. 7, 15.

Stolz auf Hoheit. Luc. 22, 27. Phil. 2, 8. Gal. 3, 13.

Stolz auf Erfolg. Joh. 1, 11. Joh. 7, 5. Jes. 53, 3.

Stolz auf Fähigkeit. Joh. 5, 19.

Stolz auf Eigenwille. Joh. 5, 30.

Stolz auf Verstand. Joh. 8, 28.

Stolz auf Empfindlichkeit. Luc. 23, 34. Matth. 26, 50.

Stolz auf Zurückhaltung. Matth. 26, 38. Luc. 9, 22.

Stolz auf Heiligkeit. Luc. 15, 2.

Christus erweist sich in Allem das Gegentheil.

Es sei aber ferne von mir rühmen, denn allein von dem Kreuz unsers Herrn Jesu Christi, durch welchen mir die Welt gekreuziget ist, und ich der Welt. Gal. 6, 14.

96. Berge der Bibel.

„Ich hebe meine Augen auf zu den Bergen, von welchen mir Hülfe kommt."

1. Ararat. — Sünde und Schmerz, und rettende Gnade. 1. Mof. 7, 1. und 8, 1. 15—22.

2. Morija. — Das vorbildliche Opfer. 1. Mof. 22, 14.

3. Horeb. — Mose Berufung. 2. Mof. 3, 10—12.

4. Sinai. — Gott und Mensch, Angesicht zu Angesicht. 2. Mof. 34, 28—35.

5. Pisga. — Blicke in die Heimath. 5. Mof. 3, 27.

6. Nebo. — Ruhe für den Müden. 5. Mof. 34, 1—8.

7. Carmel. — Krieg der Götter. 1. Kön. 18, 21.

8. Berg der Verklärung. — Göttliche Gemeinschaft. Marci 9, 2—8.

9. Golgatha. — Glorie bricht durch die Finsterniß. Matth. 27, 45.

10. Oelberg. — Erinnerungen und Erwartungen. Apg. 1, 12.

97. Der Sabbath.

1. Du sollst des Sabbathtages gedenken. 2. Mos. 20, 8.

2. Du sollst den Sabbathtag heiligen. 2. Mos. 20, 8. Jer. 17, 22.

3. Der Sabbath muß vor weltlicher Beschäftigung geschützt sein. 2. Mos. 20, 9. Neh. 13, 15—22. Jer. 17, 27.

4. Der Sabbath soll mit Gottesdienst zugebracht werden, privat und öffentlich. Jes. 66, 23. Apg. 20, 7.

5. Der Sabbath soll, als ehrenvoll vom Herrn, begrüßt werden, und gehalten mit Preisen als ein Tag der Freuden. Jes. 58, 13. Pf. 118, 24. 1. Cor. 10, 16.

6. Der Sabbath soll nicht entwürdiget werden durch leichtsinnige Erholung und Vergnügen. Jes. 58, 13. Jes. 56, 6.

7. Der Sabbath soll nicht gestört werden durch ungeziemenden Lärm und Getümmel. Hab. 3, 20. Matth. 24, 20. Ebr. 4, 9.

8. Es ist eine Schmach, den Sabbath in festlichen Schauspielen zu begehen. Hes. 20, 20. und 22, 8. Mal. 2, 3. Pf. 65, 2. 3. 5. 8.

9. Zu thun am Sabbath ist erlaubt: Nütz= liche Unterhaltung, nothwendiges Reisen, das Be= suchen von Kranken und Gefangenen, religiöser Unterricht, und Werke der Liebe, der Barmherzig= keit und der Nothwendigkeit. Matth. 12, 13. Luc. 13, 10. 17. Luc. 24, 13. 31. Marc. 2, 23. 28.

98. Der Himmel.

Der Himmel ist:

Unser Vaterhaus. Joh. 14, 2. Matth. 6, 9. 23, 9.

Die Heimath Jesu. Von wannen er kam. Joh 3, 13. 6, 38. Wo er hingegangen ist. Joh. 20, 17. Apg. 3, 21. Ebr. 9, 24. Von wannen er kommen wird. 1. Thess. 1, 10. und 4, 16.

Der Ort, von welchem der Geist kam. Joh. 1, 32. Apg. 2, 2. 1. Pet. 1, 12.

Die Quelle alles irdisch Guten. Joh. 3, 27. Jak. 1, 17.

Die zukünftige Heimath aller Gläubigen. Joh. 14, 2. 3. 2. Cor. 5, 1. Ebr. 11, 10.

Die Segnungen des Himmels be=
stehen:

Im Freisein von Sünde. 1. Joh. 3, 2.
Offb. 21, 27.

Im Freisein von Schmerz und Leiden.
Offb. 7, 15—17. und 21, 7.

Im Sein bei Jesu. Joh. 12, 26. Phil. 1,
23. 1. Thess. 4, 17.

Im Sehen seiner Herrlichkeit. Joh. 17, 24.
Offb. 22, 4.

Im Empfangen des Lohnes. Matth. 5, 12.
Luc. 6, 23. 1. Cor. 2, 9.

Christen sollten sich freuen, daß ihre Namen
im Himmel geschrieben sind. Luc. 10, 20.

Sammelt euch Schätze im Himmel. Matth. 6,
19. 20. Luc. 12, 33.

99. Warum wir zum Abendmahl kom=
men sollen.

1. Die Theilnahme aller Christen ist ein
Act des Gehorsams. Matth. 26, 26. 27.
1. Cor. 11, 24.

2. Es ist ein Act der Erinnerung. Luc. 22,
19. 1. Cor. 11, 24, 25.

3. Es ist ein Act des Bekenntnisses, seines Todes. 1. Cor. 11, 26. und 5, 7.

4. Es ist ein Act des Bekenntnisses, der Seligkeit durch sein Blut. Matth. 26, 28. Luc. 12, 8. 9. Röm. 10, 9. 10. Offb. 3, 5.

5. Es ist ein Act der Gemeinschaft. 1. Cor. 10, 16. 17.

6. Es ist ein Act der Danksagung. Luc. 22, 19. 1. Cor. 10, 16. und 11, 24.

7. Es ist ein Act der Verkündigung, seines zweiten Kommens. 1. Cor. 11, 26.

100. Verlangt, für unser Land.

1. Männer wie Daniel. Dan. 9, 3. 4. 5. Mos. 11, 25.

2. Männer wie Sadrach, Mesach und Abed-Nego. 2. Mos. 20, 4. 5. Dan. 3, 4. 7. 23. 25. 28.

3. Männer in Autorität. Neh. 13, 4—9. Jud. 3, 4. Offb. 14, 10. 11.

4. Männer wie Paulus. 1. Cor. 12, 3. 2, 2. 13.

5. Männer wie die zu Beroe. Apg. 17, 10. 12. 5. Mos. 29, 26. Joh. 16, 13. Matth. 4, 10. 11.

6. Junge Männer wie Jabez. 1. Chr. 4, 10.

7. Junge Frauen wie Ruth. Ruth. 1, 16. 17. 2, 11. 12. 1. Joh. 3, 14. Pf. 101, 1—4.

8. Matronen wie die Sunamitin. 2. Kön. 4, 8. 13. Tit. 2, 5. 1. Tim. 5, 9. 10.

9. Väter wie Abraham. 1. Mof. 18, 19. Spr. 10, 21. Luc. 20, 24, 26.

10. Brüder wie Aaron und Hur. 2. Mof. 17, 9—12. 2. Theff. 3, 1. 2.

11. Schwestern wie Maria und Martha. Luc. 10, 38. 39. Joh. 12, 2. Matth. 25, 37—40.

12. Familienväter wie Caleb. Apg. 10, 2. 4. Mof. 14, 24. Joh. 24, 15.

13. Frauen. Spr. 31, 10—31.

14. Mütter wie Hanna. 1. Sam. 1, 10. 11. 24—28.

15. Dirnen. 2. Kön. 5, 1—4, 15. Spr. 15, 23.

16. Diener Christi wie Barnabas. Apg. 11, 22—26. und 9, 27. Gal. 6, 2. 1. Theff. 5, 14.

Inhaltsverzeichniß.

Einleitung.

I. Das Wort Gottes.

II. Gottes Wort und der Sünder.

III. Gottes Wort und der Christ.